Acercandose
cada vez más
a Dios

Acercándose cada vez más a Dios

Claves de la vida
de Moisés para
una efectiva
intimidad con
Dios

Erwin Lutzer

CENTROS DE LITERATURA CRISTIANA

CENTROS DE LITERATURA CRISTIANA
en los países de habla hispana

Colombia: **Centros de Literatura Cristiana**
Correo Electrónico: clccoledit@etb.net.co
Bogotá, Medellín y Barranquilla

Chile: **Cruzada de Literatura Cristiana**
Correo Electrónico: ocomclc@cruzada.tie.cl
Santiago

Ecuador: **Centro de Literatura Cristiana**
Correo Electrónico: clcec@uio.satnet.net
Quito

España: **Centro de Literatura Cristiana**
Correo Electrónico: clcspain@clclibros.org
Madrid

Panamá: **Centro de Literatura Cristiana**
Correo Electrónico: clcbooks@cwpanama.net
Panamá

Uruguay: **Centro de Literatura Cristiana**
Correo Electrónico: clclibros@adinet.com.uy
Montevideo

U.S.A.: **C.L.C. Ministries International**
Correo Electrónico:
churd@clcpublications.com
Fort Washington, PA

Venezuela: **Centro de Literatura Cristiana**
Correo Electrónico: clcv@cantv.net
Valencia

ACERCÁNDOSE CADA VEZ MÁS A DIOS por Erwin Lutzer

Traducido al español por: Gloria Pulido de Junay
Carátula diseñada por: Fernando Triviño.

ISBN 958-8217-24-5

Printed in Colombia
Impreso en Colombia

Somos miembros de la Red Letra Viva www.letraviva.com

A
Bruce Richard
nuestro primer yerno,
cuya devoción a Dios
y amor por nuestra hija Lorisa
nos hace felices.

Contenido

Prefacio 9

1. La vida en Período de Disciplina 13

2. ¡Excusas! ¡Excusas! 29

3. Misterio de los Métodos de Dios 43

4. Derribando los Ídolos 59

5. Redimidos a un Alto Costo 75

6. Huyendo del Asedio 89

7. Cuando Nuestras Aguas Amargas
   se Vuelven Dulces 105

8. Viviendo con una Actitud de Gratitud 119

9. Usando Nuestras Armas para Ganar 135

10. Cuando Dios se Acerca 151

11. El Alto Costo de la Idolatría 165

12. Vislumbrando la Gloria de Dios 177

13. Fracaso y Esperanza en la Línea Final 191

    Guía de Estudio Personal y en Grupo 205

Prefacio

Aunque Dios está en todas partes, se nos invita a "acercarnos" más para desarrollar nuestra confianza en Él, disfrutar de su compañía y experimentar su presencia. A menudo la Biblia muestra a Dios como alguien que está más cerca de unos que de otros; a veces Él tiende sus manos y otras esconde su rostro. Es posible que hayamos vivido ambas experiencias.

El salmista, queriéndonos contar cómo era la relación que Moisés tuvo con Dios, escribió: *Sus caminos notificó a Moisés, y a los hijos de Israel sus obras* (Sal. 103:7). Mientras la gran mayoría de los israelitas vio sólo las obras externas de Dios. Moisés vio su carácter, belleza y fidelidad.

Jamás una persona en la tierra ha disfrutado la estrecha relación que Moisés tuvo con Dios. *Y hablaba Jehová a Moisés cara a cara, como habla cualquiera a su compañero...* (Ex. 33:11). Nadie ha pasado más tiempo con Dios; ni lo ha entendido mejor.

Moisés nació en una época oscura de la historia hebrea. Un cruel faraón ascendió al trono y obligó a los israelitas a ser esclavos elaborando los ladrillos que eran utilizados en la construcción de grandes ciudades. Pero una labor tan dura no los aniquiló como él esperaba. Entre más los perseguía, *más se "multiplicaban y crecían"* (Ex. 1:12).

Entonces Faraón ordenó a las parteras dar muerte a todos los niños que nacieran. Nombró dos mujeres, Sifra y Fúa, para que supervisaran un trabajo organizado que garantizaría el asesinato de todos los niños varones en el momento de nacer. Pero a pesar de esto, dichas parteras no cumplieron las órdenes de Faraón: *Y las parteras respondieron a Faraón: Porque las mujeres hebreas no son como las egipcias; pues son robustas, y dan a luz antes que la partera venga a ellas* (Ex. 1:19). Esto pudo haber sido parcialmente cierto y parcialmente falso. Aunque Dios no aprueba la mentira, aquellas mujeres fueron bendecidas por Él, debido a que se negaron a obedecer al malvado rey.

Frustrado, Faraón decretó que los egipcios mismos arrojaran los hijos varones de los hebreos al río. La Biblia no nos dice que esto haya sucedido, pero es posible que sí. ¡Imagínese el llanto, el dolor y el terror que soportaron los israelitas en Egipto!

No obstante, Dios no había olvidado a su pueblo. Un hombre llamado Aram, y su esposa Jocabed, tenían dos hijos, pero cuando les nació el tercero se vieron confrontados con el cruel edicto de Faraón. Escondieron al niño durante tres meses, pero conscientes de que si un egipcio lo oía llorar podría ser arrojado al río.

Sus padres colocaron al niño dentro de una pequeña cesta y cuidadosamente la dejaron a la orilla del Nilo. Ahí estaba en el río tal como lo ordenaba el rey.

Es probable que Hatshepsut, la famosa hija de Thutmose I, quien gobernó de 1525 a 1512 a.C, fue quien descubrió al bebé Moisés en la cesta de junco y brea. Dios unió dos circunstancias mediante un encuentro providencial: Un bebé que lloraba, y el corazón de una mujer. Para la princesa una cosa era haberse enterado del decreto porque vivía en el palacio, y otra muy distinta, la realidad de oír llorar a un niño y contemplar el horror de hacerlo ahogar. María, hermana de Moisés, quien se encontraba cerca de la arquilla sugirió que era necesario buscar una nodriza para el niño. La princesa estuvo de acuerdo, y por supuesto, María buscó a su propia madre Jocabed para que cuidara al pequeño.

Este chico, común y corriente, se convertiría en el eslabón de una larga cadena de acontecimientos que con el paso del tiempo conducirían a la liberación del país. Quizá los israelitas pensaron que Dios los había olvidado; sin embargo, su poderosa mano estaba organizando un plan que se llevaría a cabo a su tiempo.

Más adelante, Moisés fue llevado a la corte y adoptado por la hija de Faraón. En lo que tiene que ser uno de los mayores ejemplos de la providencia divina, el mismo hombre que algún día liberaría a Israel de la mano del cruel Faraón, fue educado por la realeza egipcia. Más tarde, después de 40 deprimentes años en el desierto, regresó para convertirse en, quizá, uno de los más grandes líderes que el mundo haya conocido.

Oí decir que bajo la nieve de enero Dios ya está obrando en los capullos de las flores y las raíces de los árboles, preparándolos para el calor de mayo y junio. Dios estaba obrando aún en los momentos cuando los egipcios padecían bajo la mano cruel de un rey vengativo. La mano de Dios se hizo visible a su tiempo.

Moisés nos tiene un mensaje: *La única pasión motivadora debe ser acercarnos cada vez más a Dios*. Su interacción con nosotros es personal, a largo plazo, y transformadora. Nuestros errores, fracasos y éxitos nos ayudan a acercarnos más a Él, conocerlo mejor, y andar en su presencia con paso más firme.

Podríamos sentir envidia de Moisés porque habló: *...cara a cara con Dios*, pero tenemos el mismo privilegio. No tenemos que escondernos en una cueva para ver pasar su gloria, porque en Cristo estamos en la presencia del Todopoderoso "visible", hablándole directamente. En la época de la gracia, los privilegios de Moisés pasan a ser los mismos del cristiano más humilde.

En este libro, *Acercándose cada vez más a Dios*, intento comenzar en el punto donde nos encontramos todos, y mediante la experiencia de otro, avanzar hacia donde debemos estar. Dios nos invita a acercarnos, a llegar hasta su trono y hablarle como lo hizo Moisés. Si este libro contribuye a despertar un mayor deseo por conocer al Todopoderoso, habrá logrado su propósito.

Demos pasos gigantescos en dirección a Dios.

Capítulo Uno

La vida en período de disciplina

(Lea Éxodo 2)

Un día recibí una carta:

> Soy un hombre de 31 años, divorciado, aunque me opuse firmemente.
>
> Me siento mal, porque no tengo esperanza para el futuro; a menudo regreso a casa después de la reunión de la iglesia y me pongo a llorar. No hay nadie que me aliente cuando lloro. A nadie le importa. Lo que más me duele es que le he suplicado a Dios que me dé gracia a fin de permanecer soltero para su gloria, y mantener mis ojos puestos en Jesús, pero todo continúa igual. Sigo fallando.
>
> Emocionalmente me encuentro acorralado, o al borde de un colapso. Algo anda muy mal. Me siento tan incapaz y tan resentido que apenas puedo relacionarme con otros. *Siento que voy a tener que permanecer en período de disciplina el resto de mi vida.*

En disciplina; ¿alguna vez ha estado usted ahí? Uno quiere acercarse más a Dios, pero da la impresión de que

Él oculta su rostro. Uno trata de hallar algún propósito en su dolor, pero hay pocas respuestas, si es que las hay. La letra menuda de la voluntad de Dios, se vuelve más misteriosa, entre uno más se esfuerza por leerla.

Quizá es el resultado de una bancarrota inevitable, una mala costumbre que trajo problemas de salud, o una relación inmoral del pasado que sigue interponiéndose en el camino de su auténtico deseo de hacer las cosas bien. O quizá haya sido despedido injustamente. Cualquiera que sea la causa, usted siente que está en disciplina, así como se siente un deportista cuando tiene que permanecer fuera del juego por una infracción al reglamento, o por haber sido sorprendido en una conducta inapropiada.

Puede identificarse con Moisés. Él vivió 40 años en la corte de Faraón, otros 40 guiando a los israelitas fuera de Egipto, pero lo que él no sabía era que esta segunda etapa de 40 años en disciplina, por homicidio, sería su campo de entrenamiento para cosas más grandes. Más adelante se acercaría a Dios, pero eso tomaría tiempo.

Esteban nos dice: *...fue enseñado Moisés en toda la sabiduría de los egipcios; y era poderoso en sus palabras y obras* (Hch. 7:22). Había estudiado matemáticas, astronomía, química y jeroglíficos. Como hijo de la hija de Faraón disfrutó su posición de celebridad, y tuvo todo el lujo que Egipto le podía ofrecer. F.B. Meyer especuló diciendo: "Si Moisés cabalgaba por las calles posiblemente iría con un séquito principesco, en medio de gritos tales como: 'Inclínense'. Si navegaba en el Nilo sería en una barcaza de oro escuchando los compases de una música delicada" (*Moisés*, Gran Rapids: Zondervan, 21).

Josefo dijo que cuando los etíopes invadieron a Egipto, Moisés fue puesto a cargo de las tropas reales, que venció al enemigo y que regresó con el botín de la victoria. Tal como lo dice Meyer, la crema de Egipto fue vertida en su vaso.

Pero aunque Moisés fue educado como egipcio seguía sintiéndose israelita. Cuando vio a su pueblo haciendo ladrillos bajo el sol ardiente, sintió que un profundo dolor lo sobrecogió. Este hijo del lujo y del buen gusto pudo haberse quedado en el palacio, sin embargo, optó por dar largas caminatas para inspeccionar lo que estaba sucediendo en los campos. El maltrato que se le daba a su pueblo lo hizo sentir profundamente agitado.

Sabía que estaba siendo llamado a ser su liberador. Su madre le había contado la forma como Dios lo había preservado dentro de una cesta en el Nilo. Aún más, sintió la obligación de liderar. No podía deshacerse de la idea de que su destino no era permanecer en el palacio, sino arriesgarse a liberar a su pueblo. No se debían desperdiciar los privilegios especiales que disfrutaba. Era un hombre afortunado.

Sencillamente Moisés pudo haber usado su influencia para convencer a Faraón de que disminuyera la persecución contra los hebreos. El tenía la posibilidad de argumentar que podía hacer más por su pueblo si permanecía en el palacio, que si se iba con ellos a los campos. Pero en su corazón palpitaba el ardiente deseo de unirse a la condición en la cual vivían, en cuerpo, alma y espíritu. *Por la fe Moisés, hecho ya grande, rehusó llamarse hijo de la hija de Faraón, escogiendo antes ser maltratado con el pueblo de Dios, que gozar de los deleites temporales del pecado, teniendo por mayores riquezas el vituperio de Cristo que los tesoros de los egipcios; porque tenía puesta la mirada en el galardón* (He. 11:24-26).

Apenas en este siglo los arqueólogos han desenterrado los tesoros de Egipto; ahora podemos entender mejor la riqueza y el lujo a los que renunció Moisés: Montones de oro, tesoros de arte, y una cantidad impresionante de joyas. Dejar el palacio y optar por irse al desierto fue un sacrificio sorprendente. Estuvo dispuesto a renunciar al honor y al respeto, a cambio del desprecio y el odio.

Su decisión fue tomada cuando los placeres del pecado parecían más seductores. Había crecido rodeado por
las indulgencias de Faraón, quien para entonces
probablemente era Thutmose III. Moisés sabía que todo
esto podía ser suyo y que habría más cuando lo heredara.
De haber esperado y ascendido al trono, se habría convertido
en el principal dios egipcio, y hubiera disfrutado de la
adoración de toda la nación. Con decisión Moisés dijo no
a todo lo que una persona común le habría dicho sí.

Un día, mientras caminaba observando los cuerpos
tostados por el sol de quienes trabajaban con afán en la
elaboración de ladrillos, vio que un egipcio golpeaba a un
israelita. Ya era demasiado; había llegado la hora de actuar
con prontitud. Tal como Don Baker afirma: "Moisés olvidó
quién era. Olvidó que era el príncipe de Egipto, el elegido
de Faraón, el que estaba por ser nombrado rey. En un
momento de ira desenfrenada atacó al egipcio sorpresiva-
mente y luego puso su fuerte brazo derecho alrededor del
cuello del capataz". *The God of Second Chances* (El Dios
de las Segundas Oportunidades), Wheaton, Ill.: Victor,
1991, 33. Al caer el cuerpo sin vida pesadamente sobre la
tierra, Moisés pudo darse cuenta de que había asesinado
a un hombre. Así que escondió su tibio cadáver en la arena
(Ex. 2:12).

Al día siguiente, salió a calmar una disputa entre dos
israelitas y se sorprendió cuando el ofensor le dijo:
*...¿Quién te ha puesto a ti por príncipe y juez sobre
nosotros? ¿Piensas matarme como mataste al egipcio?*
(Ex. 2:14). Moisés no esperaba que alguien se hubiera dado
cuenta en absoluto del terrible asunto. Aunque había
revisado el horizonte con diligencia, no fue lo suficientemente cuidadoso, o no cubrió el cadáver con la cantidad
de arena necesaria. Por supuesto, Dios también lo estaba
observando.

Lo que más le dolió fue el desprecio de su propio
pueblo. Esteban comenta: *Pero él pensaba que sus hermanos comprendían que Dios les daría libertad por mano*

suya; mas ellos no lo habían entendido así (Hch. 7:25).
¡Suponía que ellos comprendían! Esta fue una suposición
desafortunada. Así como lo han tenido que aprender cien-
tos de personas que han fallado en la vida, a menudo es
presuntuoso suponer que el pueblo de Dios entiende.

Como Faraón se sintió traicionado por aquél que había
sido criado bajo su tutela, quiso que Moisés muriera. Es
probable que los israelitas no lo protegieran aunque hubieran podido hacerlo, así que como tenía pocas opciones,
huyó al desierto para preservar su vida.

Era comprensible que Faraón lo odiara, pero el rechazo del pueblo por el cual había arriesgado su vida, le
produjo una herida que tomaría años en sanar. Se sintió
traicionado por su propia gente; y peor aún, sin duda
también se sintió traicionado por Dios, pues pensó que lo
bendeciría por su disposición a arriesgar todo lo que tenía
en pro del bienestar de su pueblo.

*Por la fe Moisés... rehusó llamarse hijo de la hija de
Faraón* (He. 11:24). Por fe fue a ayudar a su pueblo
creyendo que Dios vindicaría su heroica decisión. Pero
aunque hizo lo que pensó que Dios quería, esto le produjo
fracaso y humillación. Quizá había malinterpretado la
voluntad de Dios, o sencillamente Él no era digno de su
confianza.

Cuando llegó a Madián, exhausto, se sentó al lado de
un pozo. Tenía un paquete de condecoraciones, calificaba
para ser el rey de Egipto, pero su reputación estaba arruinada para siempre en su tierra. Sin duda, Faraón le
informó al pueblo que su hijo adoptivo se había convertido
en un traidor.

¿Por qué le había sucedido todo esto a Moisés?

En el desierto Moisés tendría tiempo para que sus
heridas sanaran. También lo tendría para conocer a Dios.
Aunque no entendía por qué su intento de obediencia,
había salido mal. Finalmente sería confrontado por el Dios

cuya voluntad ahora parecía tan oscura. Dios llegaría a ser el maestro de Moisés. Lejos de los lujosos adornos y el poder, Moisés sería transformado lentamente. Su corazón sería preparado para conocer al Todopoderoso, y posteriormente se acercaría a Él más de lo que cualquier hombre lo hubiera podido hacer en la tierra.

Dios usaría el desierto para enseñarle a Moisés lo que el palacio nunca le hubiera podido enseñar. Se educó en la corte del rey, pero su sabiduría y su carácter serían forjados en el desierto. Lo que Dios haría *en* Moisés mientras esperaba, sería tan importante como lo que haría *a través* de él cuando actuara.

Lo que para Moisés parecía el fin de una vida significativa, realmente era el inicio de la carrera de uno de los personajes más famosos de la historia. Posteriormente en el desierto, sería confrontado por el Dios de sus padres. Conocería al "Dios de la Segunda Oportunidad".

¿Qué pudo aprender Moisés en el desierto que no hubiera podido aprender en el palacio?

Lección sobre cómo ser un siervo

Tal vez Moisés nunca hubiera abrevado a las ovejas, pero ese día, sentado bajo el calor del sofocante sol en el desierto, tuvo la primera oportunidad de servir verdaderamente. Cuando las hijas del sacerdote de Madián llegaron al pozo, Moisés las protegió de los crueles pastores, y les ayudó a sacar el agua (Ex. 2:16-17). Aunque había sido educado para asumir responsabilidades de más prestigio, hizo lo que pudo por ayudar. Allí comenzaba a ocurrir el cambio.

Cuando Reuel, el padre de las jóvenes, les preguntó quién las había ayudado, ellas sólo dijeron que habían conocido a un egipcio. ...*Un varón egipcio nos defendió de mano de los pastores, y también nos sacó el agua, y dio de beber a las ovejas* (Ex. 2:19). No tenían ni idea de que habían estado en presencia de la grandeza. El hombre que era reconocido instantáneamente en Egipto se había apartado para vivir en la oscuridad y la humillación. Fue invitado a la casa de Reuel y contrajo matrimonio con Séfora, una de las hijas del sacerdote, y de ahí en adelante fue pastor.

Ahora se encontraba muy lejos de Egipto, tanto social como geográficamente. Los egipcios menospreciaban a los pastores. Durante 40 años hizo lo que se le había enseñado a despreciar. Ahora, este muchacho sobresaliente, de fama y fortuna, desperdiciaba su vida haciendo lo que el esclavo más ignorante podía hacer. Nunca vivió satisfecho en el desierto; se sentía como pez fuera del agua. Su aptitud apuntaba en una dirección y sus responsabilidades en otra. Su educación parecía desperdiciada; siempre se consideraría un forastero, un paria, y por esta razón cuando su esposa le dio un hijo, le pusieron por nombre Gerson que significa Forastero.

Moisés esperaba quedarse en período de disciplina en Madián por el resto de su vida. Nadie estaría impresionado con sus referencias; no tenía nada que hacer, sino contemplar su error y reflexionar en lo mal que había sido tratado. En el desierto a nadie le importaba. Allí no había ascensos. En el mejor de los casos "ascendería" de un rebaño a otro.

Sin duda, durante los años en Egipto las madres les decían a sus hijos, señalando a Moisés: "Allá está Moisés... ¡sean como él!" Pero aquí nadie admiraba su educación o liderazgo. Sabía que las experiencias vividas en el palacio serían borradas de la historia egipcia. Estaba condenado a la oscuridad, y allí el aburrimiento tuvo sus efectos.

Aunque no podemos decirlo con toda certeza, posiblemente Moisés comenzó a pasar más tiempo con Dios. Quizá se sintió rechazado por los misteriosos métodos del Todopoderoso, pero le intrigaba la idea de que sin duda Dios tuviera un propósito para su nación, los hijos escogidos de Abraham, Isaac y Jacob. Allí tuvo tiempo para recordar, reflexionar y orar.

Francis Schaeffer afirmó que ante los ojos de Dios no hay seres importantes ni insignificantes; sólo personas consagradas y no consagradas. Por esta razón nuestra profesión es tan importante para nosotros como lo es para Él. Moisés debía aprender que puede haber satisfacción aún en la oscuridad. Sí, incluso cuando se nos pide realizar un trabajo para el que no somos aptos, éste puede tener sentido si lo hacemos para Dios.

¡El tiempo pasa más rápido cuando servimos con la actitud correcta! Cuando Jacob fue a trabajar para Labán, consintió en servir siete años por Raquel. Dice la Biblia: *Así sirvió Jacob por Raquel siete años; y le parecieron como pocos días, porque la amaba* (Gn. 29:20). La velocidad con la que se mueve el tiempo depende del valor que se le dé a la persona con quien se invierte.

El desierto es el mejor lugar para aprender a ser un siervo. Sucede igual cuando se nos pide que realicemos tareas para las cuales estamos sobrecalificados. Moisés fue forzado a aprender que lo importante para Dios no es lo *que* se hace, sino el *porqué* se hace. Dios quiere nuestros corazones, no sólo nuestras manos.

Aunque Moisés aún se sentía lejos de Dios, su corazón se estaba abriendo a la posibilidad de conocer al Todopoderoso. Sin nada que ver al oriente, occidente, norte y sur, se encontró mirando hacia arriba. Quizá comenzaba a darse cuenta de que se hallaba más cerca de Dios, como siervo en el desierto, que como gobernante en el palacio.

Lección sobre cómo desarrollar la confianza

A Moisés le fue necesario aprender que Dios obra incluso cuando se halla en silencio, o cuando no podemos detectar sus movimientos. *Aconteció que después de muchos días murió el rey de Egipto, y los hijos de Israel gemían a causa de la servidumbre, y clamaron; y subió a Dios el clamor de ellos con motivo de su servidumbre* (Ex. 2:23). Dios comenzó a obrar durante el transcurso de muchos días; ¡14.600 para ser precisos! Fueron necesarios 40 años, pero Dios empezó a responder a la oración de su pueblo. Leemos: *Y oyó Dios el gemido de ellos, y se acordó de su pacto con Abraham, Isaac y Jacob. Y miró Dios a los hijos de Israel, y los reconoció Dios* (Ex. 1:24-25).

Tres verbos describen lo que Dios hacía mientras Moisés esperaba en el desierto. Él *oyó* el gemido de su pueblo. Después de todo no era sordo. Aunque no respondió inmediatamente al llanto de ellos, los estaba escuchando.

Dios también *recordó* su pacto. Aunque es posible que olvidemos nuestras promesas o incluso no cumplamos las que recordemos, Dios nunca descuida sus compromisos. Para Él, el tiempo no borra los detalles; todo está fresco en su memoria. Recuerda el tiempo de hace 1.000 años con la misma claridad con que recuerda el de ayer.

Una de las razones por las cuales podemos olvidar las injusticias que han cometido contra nosotros es porque Dios las recuerda; ¡siendo el juez no tiene sentido que nosotros también las recordemos! Moisés estaba aprendiendo que aunque el transcurso de la vida es lento y Dios está en silencio, Él organiza los acontecimientos según su calendario.

Dios también *vio* la necesidad de su pueblo. Sintió su dolor. Sus caminos no le eran ocultos, aunque la liberación tomaría tiempo. Para ese entonces, Moisés tenía que aprender a confiar en Dios aunque pareciera indiferente a las necesidades de su pueblo.

Claro está que es fácil confiar en Dios cuando la zarza arde, las aguas se separan y las montañas tiemblan; lo desalentador son esos años de silencio. Pero, *dichoso aquel que no interpreta el silencio de Dios como indiferencia.*

Sí, es cierto, es muy fácil hablar de fe cuando uno tiene salud, y el jefe acaba de ascenderlo. Cuando uno se siente feliz en el trabajo y los hijos siguen en el camino del Señor, la confianza viene con facilidad. La confianza significa más para Dios cuando uno ha sido malinterpretado, se encuentra en un trabajo que no es acorde con sus capacidades o la educación, recibe cuentas por servicios médicos, o tiene un cónyuge difícil. *Es en el desierto y no en el palacio donde Dios encuentra la profundidad de nuestro sometimiento.* Nuestra fe es preciosa a sus ojos cuando Él permanece en silencio, y no cuando habla.

Moisés estaba aprendiendo, entonces, que podemos acercarnos a Dios aunque Él esté en silencio. La fe le abre la puerta a su presencia.

Lección sobre la obediencia

Como lo veremos en el siguiente capítulo, Dios se le apareció a Moisés en la zarza ardiente, con la invitación a que fuera de nuevo un líder, un hombre poderoso en Egipto. Había llegado el momento de salir del período de disciplina y de volver al campo de juego. Pero Moisés se negó, diciendo: *...¿Quién soy yo para que vaya a Faraón, y saque de Egipto a los hijos de Israel?* (Ex. 3:11).

Moisés era un hombre diferente. Cuarenta años antes pensaba que podía realizar exitosamente el éxodo por sus propias fuerzas, pero ahora había aprendido una lección muy importante. Esperaríamos que le dijera a Dios: "¿Dónde *has* estado? ¡No he hecho más que esperar el momento de regresar a Egipto!" Pero hizo la pregunta que haría cualquiera que ha sido quebrantado por Dios: *...¿Quién* *soy yo para que vaya a Faraón y saque de Egipto a los hijos de Israel?*.

Sin embargo, también aprenderemos en el siguiente capítulo que la pregunta de Moisés no estaba motivada por la humildad; más bien por una terca negativa a decir sí al llamado divino. Aún no olvidaba lo sucedido 40 años atrás en Egipto. Todavía estaba herido, y además, ahora tenía esposa y familia. Regresar a Egipto en esta etapa de su vida no era sencillo.

La experiencia del desierto convenció a Moisés de que no podía ser por sí mismo el líder de su pueblo, pero esto no lo llevó al punto de la completa rendición. ¡Es posible que Moisés hasta prefiriera en ese preciso momento que su pueblo se pudriera en Egipto! Cuando uno se encuentra en período de disciplina es fácil resentirse, y determinar nunca volver al campo de juego. Moisés no quería volver a ser herido, por eso dijo: *...He aquí que ellos no me creerán, ni oirán mi voz; porque dirán: No te ha aparecido Jehová* (Ex. 4:1). ¿Cómo respondió Dios a esta negativa? Él le preguntó: *...¿Qué es eso que tienes en tu mano? Y Moisés respondió: Una vara* (Ex. 4:2). Luego Dios le dio poder para hacer milagros con ella. Cuando la arrojó a la tierra se convirtió en serpiente; pero cuando extendió su mano y la tomó por la cola se convirtió otra vez en vara. Y cuando metió su mano en el pecho y la sacó estaba leprosa, blanca como la nieve, pero cuando volvió a colocarla en su pecho se sanó.

¿En dónde consiguió Moisés esta vara, esta caña con la que haría milagros? La consiguió cuando estaba cumpliendo su condena, estando en período de disciplina. Después la extendería sobre el mar y las aguas se apartarían. Ese fuerte pedazo de madera, de metro y medio de largo, le recordaría constantemente que Dios estaría con él durante todo el camino. De ahí en adelante Moisés llevó esa vara consigo, y fue usada por Dios para derrotar a los egipcios. La vara de Moisés se convirtió en la vara de Dios.

A.W. Tozer dijo que los mejores líderes no son quienes quieren hacer el trabajo, sino aquellos que son reclutados por Dios para desarrollar el liderazgo. Si Moisés anhelaba la grandeza, ésta fue enterrada en el desierto. Estando ya en la presencia del Señor luchaba inseguro de sus propios dones y habilidades. Sin embargo, a pesar de sus dudas y sus negativas, por fin era apto para el liderazgo. Para Dios es más fácil usar a un hombre indeciso y lleno de dudas, que a uno impaciente que rebosa por la independencia, y es caprichoso.

Moisés aprendió, como todos debemos hacerlo, que nos acercamos más a Dios sólo porque Él toma la iniciativa de acercarse a nosotros. *Bienaventurado el que tú escogieres y atrajeres a ti, para que habite en tus atrios; seremos saciados del bien de tu casa, de tu santo templo* (Sal. 65:4). A medida que el trabajo se dificultaba, Moisés tendría que acercarse más a Dios, a quien finalmente conocería como ningún otro hombre.

Usted y su desierto

Hoy Dios nos pregunta a usted y a mí: "¿Qué tienes en tu mano? ¿Qué has aprendido estando fuera del campo de juego? ¿Paciencia? ¿Fe? ¿La capacidad de amar a quienes son difíciles de amar? ¿Has aprendido a contentarte aun en la oscuridad? ¿A confiar en Dios en la adversidad? ¿La vergüenza te ha llenado de amargura, o te ha quebrantado?" David, quien pasó gran parte del tiempo recuperándose del fracaso, afirmó: *Los sacrificios de Dios son el espíritu quebrantado; al corazón contrito y humillado no despreciarás tú, oh Dios* (Sal. 51:17).

Todos debemos morir a lo que es agradable y atractivo; al camino fácil para que tengamos el valor de escoger el camino peligroso. F.B. Meyer escribió que debemos:

Morir para dar fruto; ser mutilados para entrar a la vida; dejar a nuestro Isaac en el altar para llegar a ser el líder de los fieles; apartarnos del huerto iluminado por el sol, para escoger el camino más oscuro y pedregoso; renunciar sin reproche a lo que otros sostienen por causa de un alto propósito que ha forzado su camino dentro del alma; escoger Getsemaní, el Calvario y la tumba en comunión con el Hombre de las penas; estar dispuesto a renunciar a los amigos, la riqueza, la reputación y el éxito, y encontrarnos cual marinero náufrago en alguna playa solitaria, porque hemos descubierto alguna visión que nos atrae (Moisés, Grand Rapids: Zondervan, 23).

Cuando un pastor cayó en el pecado de inmoralidad, y se supo, su reputación quedó arruinada y aparentemente su carrera acabada. Encontró trabajo en una bodega, una ocupación para la cual estaba, por no decir más, sobrecalificado. Apenas unos pocos amigos cristianos lo acompañaron durante la experiencia. Nadie se arriesgaba a recomendarlo en otra iglesia, aunque él se había arrepentido. Talentoso, educado, y calificado para el ministerio, ahora era un donnadie, rechazado y desconocido. Pudo haberse resentido; sin embargo, comenzó a servir a Dios desde donde se encontraba, y empezó a asistir a una iglesia, primero como visitante, luego como miembro, y después de un tiempo como maestro de escuela dominical. Era fiel en lo que hacía y pasaba mucho tiempo en silencio ante Dios.

Pasó un año, luego otro. Dios comenzó a darle mayor habilidad, y más oportunidades. "A Dios le encanta disciplinar a su pueblo", decía. "La rama que siente el filo de la podadera, con el tiempo da fruto". Hoy en día este hombre ya no está en disciplina, y tiene un ministerio efectivo.

Por supuesto que no todas las historias tienen un final tan feliz. Pero si asimilamos la lección que debemos aprender en el desierto, nos daremos cuenta de que mas allá de una disciplina, Dios nos está capacitando para un ministerio más efectivo y menos egoísta. Hay un toque nuevo de Dios de una manera más profunda en el desierto.

Tres años después de haber recibido la carta del hombre que se quejaba por tener que pasar el resto de su vida en período de disciplina, me envió otra muy estimulante:

Escribo para testificar de la maravillosa gracia de Dios. He aprendido muchas lecciones durante mi desierto, mi tiempo de disciplina, porque Dios ha usado mi dolor para atraerme con amor y misericordia.

Justo cuando pensaba que no tenía esperanza, Dios sacó a la luz el pecado y el egoísmo de mi triste condición ante Él. Eliminó mis pretensiones y reveló mi incredulidad. Sencillamente aprendí que Dios no puede ser una de mis opciones, sino que debo arriesgar mi vida, mi alma y mi cordura a Él y sólo a Él. Debo creer que Él es exactamente quien dice ser en su Palabra. Cuando me encontraba más destruido me dio la fortaleza para renunciar a todo y seguir a Cristo.

Antes vivía enfocado siempre en mí: Mi felicidad, mis circunstancias y mis emociones. Ahora vivo enfocado en Dios. Como consecuencia de actuar así ante Él, su gozo está vivo en mí. Aunque las circunstancias difíciles continúan hiriéndome, puedo echar mi ansiedad sobre Él, y Él me da sus preciosas y grandísimas promesas (2 P. 1:4).

Me conmueve saber que estos fueron los consejos que escuché durante años, *pero ponerlos en práctica* es lo que hace la diferencia.

Durante mi tiempo en el desierto las sectas y los falsos hermanos ofrecían un camino que parecía correcto, pero que arrojaba duda sobre la Palabra de Dios. Sin embargo, hallé victoria sometiéndome completamente a Dios. Gracias a Él ya salí del período de disciplina, y estoy de nuevo en el campo de juego.

Moisés debió aprender que Dios se deleita en formar siervos, no faraones, y que puede hacer su mejor obra en la oscuridad, no a la vista de todos. Dios quiere que nos acerquemos más a Él. Eso debe tener mayor importancia que la satisfacción de nuestros más profundos deseos. Él nos dejará en el desierto hasta que escuchemos su voz y lo busquemos con firmeza de propósito.

No permita que Satanás lo convenza de la aparente inutilidad de sus fracasos. Dios está con usted en el período de disciplina para enseñarle a servir, confiar y obedecer. Es posible que con el transcurso del tiempo usted vuelva al campo de juego.

Moisés no sabía que estaba siendo entrenado. Aprendió que acercarse más a Dios puede ser de mayor importancia que llegar a ser el jugador estrella del equipo. Estar fuera del campo de juego no es una pérdida de tiempo, si se obtiene la tutoría personal del Entrenador.

Pero había mucho más para aprender.

Capítulo Dos

¡Excusas! ¡Excusas!

(Lea Éxodo 3-4)

Si se nos diera a elegir nunca buscaríamos a Dios. Él, sin embargo, se acerca y nos busca, nos anima a hacer su voluntad, y nos da la capacidad de responder. Cuando se acerca nos sentimos tentados a retroceder, porque raramente es fácil obedecer lo que Él quiere que hagamos.

Dios dijo ante la oscuridad: *Hágase la luz*, y hubo luz.

Jesús dijo ante la tormenta: *¡Calla, enmudece!*, y hubo una gran calma.

El Señor le dijo a un gran pez que se "tragara" a Jonás, y aquél obedeció.

Sin embargo, creemos que tenemos el poder, si no el derecho, de desafiar los mandatos divinos. Podemos oponernos firmemente y exclamar con toda convicción: "¡No lo haré!" Y no lo hacemos, por poco tiempo, para nuestro perjuicio.

Moisés se enfrentó a Dios cuando se opuso al tipo de trabajo que se le encomendaba en el desierto. Al final, aunque a la fuerza, le dio su consentimiento al gran YO SOY.

Moisés, como aprendimos, pasó 40 años en el palacio como *alumno*. Luego pasó otros 40 como *pastor*. Ahora a los 80 años había hecho las paces con su antigua decepción. Él no sabía que pasaría los siguientes 40 años convirtiéndose en un *salvador* para la nación de Israel. No pasaría a la historia como un Faraón, sino como profeta.

Un día estando cerca del Monte Horeb, en la cordillera del Sinaí, Moisés advirtió algo extraño: Una pequeña acacia ardía continuamente, pero no se consumía. Sin duda era algo muy extraño. *Y se le apareció el Ángel de Jehová en una llama de fuego en medio de una zarza; y él miró, y vio que la zarza ardía en fuego, y la zarza no se consumía. Entonces Moisés dijo: Iré yo ahora y veré esta grande visión, por qué causa la zarza no se quema* (Ex. 3:2-3).

Lo que comenzó como una extraordinaria visión pasó a convertirse en un espectacular milagro. El arbusto seguía ardiendo mucho después del tiempo que normalmente necesitaba para que una rama se consumiera. *Viendo Jehová que él iba a ver, lo llamó Dios de en medio de la zarza, y dijo: ¡Moisés, Moisés! Y él respondió: Heme aquí* (Ex. 3:4). ¡Moisés había escuchado su nombre!

Entonces el Señor le dijo: *No te acerques; quita tu calzado de tus pies, porque el lugar en que tú estás, tierra santa es* (Ex.3:5). Luego se identificó como el Dios de Abraham, Isaac y Jacob, y ¡de manera increíble, le dijo a Moisés que había venido a rescatar a su pueblo, los israelitas, y que él había sido escogido para regresar a Egipto y guiar al pueblo hacia la tierra prometida!

¡Qué honor!

Dios podía haber liberado a su pueblo por sí mismo mediante una serie de milagros, haberle asignado la tarea a los ángeles, o haber escogido a alguien que tuviera una mejor imagen ante los ojos tanto de los egipcios como de los israelitas. Todo lo contrario, prefirió usar a una persona imperfecta para que hiciera una gran labor en la tierra.

Pero por ahora, Moisés no se sentía halagado, y no quería participar en la empresa divina.

Esperaríamos que él dijera: "¡Sí Señor! ¡Lo que tú digas!", pero trató de evadir el llamado de Dios. Así como muchos de nosotros él protestó, con la esperanza de persuadir a Dios para que cambiara de opinión.

40 años antes se había adelantado al plan de Dios, pero ahora caminaba detrás de Él. Había intentado él solo rescatar al pueblo y había fallado, pero ahora se retractaba de liberarlo aunque Dios le ayudara. No importaba lo espectacular de la zarza ardiendo, ni lo sorprendente de oír su propio nombre, Moisés no estaba dispuesto a regresar al lugar donde había fracasado.

Así fue que se opuso presentando cinco excusas para desobedecer. En lugar de acercarse más a Dios Moisés quiso alejarse de Él; o por lo menos alejarse del llamado divino. ¡De manera increíble hizo lo que pudo para oponerse al llamado de Dios hallándose descalzo en tierra santa; justo allí en la presencia del Todopoderoso, *de pie, en un lugar santificado por el fuego divino, Moisés se niega a hacer lo que Dios quería que hiciera.*

Podemos asistir a las reuniones de la iglesia, cantar los mejores himnos, recitar oraciones ortodoxas, y mientras tanto, estar en desacuerdo con Dios a quien profesamos amar. Hasta un santuario dedicado a Dios puede ser el lugar donde hacemos caso omiso al llamado del Todopoderoso. Ni nuestra ubicación geográfica ni nuestra postura física es prueba de obediencia. Sólo satisfacemos a Dios cuando le decimos sí de corazón.

¿Qué excusas presentó Moisés? Inmediatamente le vinieron a la mente cinco pretextos. De la abundancia del corazón habla la boca. Posiblemente acabemos por escucharnos en sus quejas.

Estas fueron sus excusas:

"¡No soy apto. No soy nadie!"

...¿Quién soy yo para que vaya a Faraón, y saque de Egipto a los hijos de Israel? (Ex. 3:11). Moisés se consideró inadecuado para la tarea, y así como cuando nos piden enseñar en la escuela dominical, o compartir el Evangelio con un amigo, somos tentados a decir: "No soy un Lutero, o un Calvino, o un Billy Graham... ¿quién soy yo para hacer esto?".

Moisés no se dio cuenta de que había planteado la pregunta filosófica de los tiempos. Nuestra cultura está particularmente obsesionada con la pregunta: "¿Quién soy yo?" Esposos han dejado a sus esposas para descubrir quiénes son. Madres dejan a sus hijos para encontrar su propia identidad. Sencillamente parece que no sabemos quiénes somos.

Entre a una librería cristiana y encontrará docenas de libros sobre el tema general de cómo desarrollar una sana autoimagen. Se nos dice que la gente debe tener una buena opinión de sí misma; tiene que saber qué tan especial es. Nos debe complacer que Moisés le haya hecho a Dios esta pregunta para que podamos entender mejor la opinión del Señor en cuanto a !as dimensiones sicológicas de nuestra autopercepción.

De manera increíble Dios ignoró la pregunta de Moisés. Sencillamente le dio una promesa: *...Ve, porque yo estaré contigo; y esto te será por señal de que yo te he enviado: cuando hayas sacado de Egipto al pueblo, serviréis a Dios sobre este monte* (Ex. 3:12). ¿Cómo le ayudaría esto a Moisés en cuanto a saber quién es Él?

¡La respuesta a esta pregunta, se encontraba en el hecho de saber quién era Dios! Sólo relacionándonos correctamente con Él podemos establecer ese sentido de identidad, una sana autoimagen. No mejoramos nuestra autoimagen considerándonos superiores, sino pensando

correctamente acerca del Dios que nos ama y nos honra con sus promesas.

La pregunta de Moisés no era una señal de humildad; pues hablaba con un tono de autodesprecio que revelaba su falta de fe y de disposición para obedecer. Ser humilde significa que veo mis debilidades, pero también la fortaleza de Dios. Detrás de la pregunta de Moisés había una terca incredulidad.

La promesa de Dios debió haber sido suficiente para compensar el sentido de inferioridad de Moisés. Aunque no se consideraba apto para la tarea, podía confiar en su constante presencia. Si necesitaba sabiduría, Dios se la daría; si requería poder, Él tenía una provisión sin límites. Dios sería su principal aliado y compañero. Dios, más que llamar a Moisés para que fuera a Egipto, llamaba a este desanimado y testarudo pastor para que se acercara a Él.

Hoy podemos confiar en la misma promesa. No es necesario que nos aflijamos por nuestro futuro financiero ni nos debe vencer el miedo ante quienes quieren hacernos daño. *Sean vuestras costumbres sin avaricia, contentos con lo que tenéis ahora; porque él dijo: No te desampararé, ni te dejaré; de manera que podemos decir confiadamente: El Señor es mi ayudador; no temeré lo que me pueda hacer el hombre* (He. 13:5-6).

Dios no sólo nos da órdenes; también nos capacita para que seamos obedientes. El Todopoderoso acompañaría a Moisés en cada momento. Todo lo que necesitaba era su permanente presencia.

¿Está Moisés satisfecho? ¿Le alegra saber que Dios no lo abandonará? No, Moisés tiene un segundo pretexto.

Su problema es más grave.

"No sé lo suficiente"

...He aquí que llego yo a los hijos de Israel, y les digo: El Dios de vuestros padres me ha enviado a vosotros. Si ellos me preguntaren: ¿Cuál es su nombre?, ¿qué les responderé?... (Ex. 3:13).

Moisés teme que le hagan preguntas para las cuales no tiene la respuesta. Si ni siquiera conoce el nombre de Dios, ¿cómo va a manejar las inevitables dudas del pueblo? Y, ¿no es presuntuoso asumir que el único y verdadero Dios lo envió?

Dios responde a esta objeción diciéndole a Moisés que Él es el gran *YO SOY*. Específicamente Él le contestó: *...YO SOY EL QUE SOY. Y dijo: Así dirás a los hijos de Israel: YO SOY me envió a vosotros* (Ex. 3:14). Literalmente esta frase significa: "Existo porque existo". Dios es el único autoexistente. El único ser no creado del universo. Él no le rinde cuentas a nadie.

Ahora Moisés podrá darle una respuesta a quienes pregunten sobre su autoridad; podrá decirles que viene como representante del Dios autoexistente. El Dios de Abraham, Isaac y Jacob acreditará la nueva profesión de Moisés quien tiene todo lo que podría pedir.

Todos hemos experimentado el mismo temor, ¿verdad? En cuanto a nuestra fe hemos mantenido la boca cerrada por temor a que nos pregunten, "¿cómo *lo* sabe?" Como respuesta deberíamos referirnos a las credenciales de Cristo, y afirmar que no hablamos por cuenta propia. Sencillamente no estamos dando nuestra opinión en cuanto a los mayores interrogantes de la vida. Representamos al que afirma ser Dios y posee las credenciales que lo comprueban.

Después de su primera objeción Moisés recibió la respuesta a su debilidad: Dios mismo estaría con él. Ahora él también tiene la respuesta a su falta de conocimiento y autoridad: Dios mismo asume la responsabilidad de demostrarle a otros que Moisés representa al único autoexistente. Dios conocía el nombre de Moisés a quien ahora se le da a conocer el nombre de Dios. Pero a pesar de todo, Moisés aún no está listo para empacar y viajar a Egipto.

Aún tiene un problema más grave.

"Seré rechazado"

...He aquí que ellos no me creerán, ni oirán mi voz; porque dirán: No te ha aparecido Jehová (Ex. 4:1).

Durante 40 años Moisés había estado alimentando su dolor, el dolor del rechazo. El día que defendió a uno de sus propios hermanos de manos de un egipcio supo que estaba rompiendo con la corte de Faraón. Esperaba ser reconocido como el libertador de su pueblo, pero fue humillado y rechazado por quienes debieron haberse sumado a su causa. Fue desterrado al desierto y ahora no quería arriesgarse a que sucediera lo mismo.

Dios, por su misericordia, le da a Moisés tres señales para silenciar a los escépticos. Cuando arrojara su vara a la tierra, ésta se convertiría en serpiente; su mano puesta en el pecho se volvería leprosa; y al vertir en tierra un baldado de agua del Nilo, ésta se convertiría en sangre (Ex. 4:2-9). En otras palabras, concernía a Dios, y no a Moisés, convencer al pueblo de que el mensaje que pronunciara provenía de una autoridad mayor.

Estos milagros demonstrarían que eran superiores a los de los mejores hechiceros paganos. El pueblo se convencería de que, sin lugar a dudas, Moisés era enviado por Dios.

¿Qué más podía pedir Moisés? Le había sido prometida la presencia de Dios, tenía la garantía del mismo nombre de Dios, y ahora contaba con las credenciales milagrosas que convencerían a su cínico pueblo de que regresar a Egipto no era idea suya, sino de Dios. Pero aún así Moisés no estaba dispuesto a regresar.

Aún tenía un problema más grave.

"No tengo ningún talento natural"

*...¡Ay, Señor! nunca he sido hombre de fácil palabra,
ni antes, ni desde que tú hablas a tu siervo; porque
soy tardo en el habla y torpe de lengua* (Ex. 4:10).

"¡Dios, me estás llamando a asumir una responsabilidad para la cual no me has equipado. No tengo la habilidad!"

Aparentemente Moisés tartamudeaba o al menos le parecía que hablaba lentamente y con dificultad. Imaginaba lo que sería entrar al palacio, caminar por el largo corredor y estar de pie ante Faraón, rodeado por una legión de soldados. Y después del debido protocolo, podía verse comenzando a formularle la inimaginable petición de que los israelitas pudieran salir de la tierra, sólo para encontrarse con que no salían palabras de su boca.

¿O qué si hablaba tan lento, tartamudeando cada palabra, que hiciera el ridículo ante la corte? ¿Cómo podría ser el vocero de Dios si no sabía hablar? ¡Tenía sentido que un portavoz de Dios fuera dotado con oratoria!

La respuesta de Dios es suficiente para silenciar la objeción de alguien que cree que sus impedimentos físicos son limitaciones para Dios. *Y Jehová le respondió: ¿Quién dio la boca al hombre? ¿o quién hizo al mudo y al sordo, al que ve y al ciego? ¿No soy yo Jehová?* (Ex. 4:11).

¿Sorprendente la respuesta de Dios? ¡Las limitaciones físicas, son obra de Dios! Si Dios hubiera querido que Moisés fuera elocuente para hablar, lo habría dotado así. Dios asume la responsabilidad de crear a la persona con un talento, al igual que aquella que formó con 10. Se nos han dado las suficientes habilidades para realizar todo aquello que Dios nos llama a hacer. Evidentemente Dios pensó que el impedimento de Moisés para hablar no sería un obstáculo para su éxito en Egipto. ¿Qué importaba entonces si Dios escogía que Moisés iniciara sus siguientes 40 años con lo que Don Baker denomina, "una limitación humillante?" ¿Te parece que por fin Moisés tenía la respuesta para todas sus objeciones? Va bajo los auspicios del Dios creador en cuyas manos descansan todas las cosas. Esperaríamos que él dijera ¡*sí!* a *Dios.*

Pero por supuesto el problema aún es más grave.

"No quiero ir"

Finalmente, Moisés abre su corazón: ...*¡Ay, Señor! envía, te ruego, por medio del que debes enviar* (Ex. 4:13). Señor, si es absolutamente necesario iré, pero ¿no puedes buscar a otro?

La respuesta de Moisés implica que él aceptó de mala gana la voluntad de Dios, pero también saca a la luz lo que hay detrás de todas sus excusas. Sencillamente no quería ir. Sin duda había otro líder con mejores cualidades para asumir esa responsabilidad.

Sus objeciones encubrían el deseo fundamental de que no perturbaran su paz. No le gustaba el precio de la obediencia. Bajo la superficie había una raíz de terquedad, una dureza de corazón desarrollada en la edad madura.

No importaba cuánto Moisés odiara a Madián, la sola idea de regresar a Egipto era peor. Había llegado al punto de aceptar la monotonía sin fin, y la humillante tarea de cuidar ovejas. Desempeñaba una vocación en la cual el fracaso era, para todo propósito práctico, imposible.

Regresar a Egipto era arriesgado. Hablar en nombre de Dios y a favor de toda una nación era aterrador. El rechazo continuo era una clara posibilidad, como también la muerte prematura en últimas a manos de un rey irritado. La vida en el desierto no había sido del todo satisfactoria, pero se veía mucho mejor que asumir una tarea impredecible, pero altamente visible en Egipto.

También tenía una esposa y unos hijos en quienes pensar. ¿Irían con él a Egipto, o se quedarían con su familia política? ¿Y qué pasaría si se abrían de nuevo las antiguas heridas? Después de todo había intentado unir a la nación contra las crueles políticas de un Faraón anterior. Aún podía saborear la hiel del rechazo que había sufrido como resultado. El presente con sus dificultades era más seguro que un futuro peligroso y a un gran costo personal. El fantasma del fracaso aún estaba activo.

Si tenía que ir, iría. Pero si Dios era misericordioso enviaría a otro para que realizara esa tarea. Sí, Dios tenía las respuestas para sus excusas, pero ¿cuál sería el remedio para su terco corazón? Aún después de su renuente "sí" Moisés esperaba que el Todopoderoso cambiara de opinión.

Pero a Dios no le causó gracia la respuesta de Moisés: *Entonces Jehová se enojó contra Moisés, y dijo: ¿No conozco yo a tu hermano Aarón, levita, y que él habla bien? Y he aquí que él saldrá a recibirte, y al verte se alegrará en su corazón... Y él hablará por ti al pueblo; él te será a ti en lugar de boca, y tú serás para él en lugar de Dios* (Ex. 4:14,16). Si Moisés pensaba que no había sido dotado para la oratoria, podía depender de su hermano Aarón que aún se encontraba viviendo en Egipto. No era lo ideal, pero por lo menos contaba con un vocero.

Moisés regresó a la casa de su suegro y le pidió permiso para viajar a Egipto. Tomó a su esposa e hijos y los puso sobre asnos, e inició su recorrido de regreso a la tierra de su juventud. Y claro, también llevó su vara, la que había usado durante su estadía en el desierto.

Partió sin saber qué le esperaba. Sabía que la tarea no sería fácil, pues Dios le había dicho que el corazón de Faraón sería endurecido, razón por la cual permitiría la salida del pueblo. Puesto que el Todopoderoso no había modificado *su* opinión, Moisés tendría que hacer todo lo mejor posible.

¡Piense en lo que Moisés se habría perdido si no hubiera regresado a Egipto! Claro, no hubiera tenido que aguantar una nación terca y descontenta que refunfuñaba a cada paso en el desierto. Pero también hubiera perdido la oportunidad de ver a los dioses de Egipto humillados, y la increíble victoria cuando cruzaron el Mar Rojo. Más importante, aun hubiera perdido 40 días de comunión permanente con Dios en el monte Sinaí, y no habría estado con el Señor 1.400 años después en el monte de la transfiguración. Mientras Moisés corría a esconderse tras un escudo de excusas, todos estos privilegios, humanamente hablando, estaban en veremos.

Moisés puede estar agradecido porque Dios prevaleció. Hasta el día de hoy la nación de Israel está agradecida porque Dios prevaleció. Los ángeles están agradecidos porque Dios prevaleció. Nosotros también estamos agradecidos porque Dios prevaleció. Sólo Satanás quedó enojado.

Nuestras excusas

Moisés nos representa a todos, pues alguna vez nos hemos opuesto a Dios. Lo hacemos cada vez que albergamos en nuestro corazón el pecado y transigimos con el mundo. Cuando hacemos trampa para salir adelante, y cuando manipulamos las circunstancias de acuerdo con nuestras preferencias, desobedecemos a Dios. Desafiamos al Todopoderoso cuando rehusamos hacer lo que Él nos manda.

Algunos de nosotros supimos con exactitud que nos estaba guiando a ser misioneros, o a cambiar nuestra vocación. Aún así nos hemos opuesto, negándonos a los ajustes que requiere la obediencia. O nos aferramos al pecado que nos asedia.

Si se descubre la verdad, no es porque haya "hipócritas en la iglesia" que un hombre se aleja de Cristo, ni tampoco porque haya "demasiadas interpretaciones de la

Biblia", o porque "no es justo que Dios acepte sólo una religión cuando existen tantas en el mundo".

La ex primera dama de los Estados Unidos, Nancy Reagan comentó que cuando pequeño su padre asistió a la escuela dominical, y memorizó algunos versículos para una competencia en la cual el premio sería una Biblia. Pero el hijo del pastor, que no recitaba los versículos con tanta facilidad como él lo hacía, se llevó el premio. Aunque su padre murió a los 84 años, no olvidó el trato injusto que recibió a los 10 años, y nunca más volvió a la iglesia.

Se pueden dar numerosas excusas para ignorar la invitación de Cristo. Podemos pensar en interminables razones por las cuales podríamos decirle no al llamado persistente de Dios a nuestras vidas. Pero tras la fachada se encuentra una indisposición fundamental a ser molestados, la determinación de que nuestros cimientos no sean sacudidos, una terca disposición que no le permite a Dios gobernar nuestras vidas.

Moisés enseña que cuando *nos excusamos*, *nos acusamos*. las excusas revelan nuestra temerosa desobediencia oculta. Hasta una excusa "débil" puede ser usada para proteger un corazón no dispuesto.

Ron Huthcraft cuenta la ocasión cuando caminaba con un misionero por una jungla en América Central. Cuando llegaron a un sitio donde no había árboles se encontraron con un caudaloso río que sólo podía cruzarse en una canoa que había a la orilla. El misionero estaba acostumbrado a cruzar, pero Ron luchaba preguntándose si no habría una mejor forma de hacerlo. Dijo: "llegué a salvo hasta allí... ¡Si iba a continuar, tendría que dejar el estado de comodidad y arriesgarme!"

A menudo Dios nos lleva a un lugar donde tenemos que cambiar lo conocido por lo desconocido; nos hace salir de la zona de comodidad para que asumamos el riesgo. *A Dios le encanta guiar a su pueblo a los lugares donde no ha estado antes*.

Cuando la reina Isabel fue coronada, en 1952, los de sangre noble recibieron invitaciones con las siguientes palabras: "Eviten todas las excusas". ¡Era inconcebible que alguien usara una excusa para faltar a la coronación!

Cuando el Rey de reyes nos llama a traspasar las fronteras de nuestra "zona de comodidad" toda excusa debe desaparecer. De pie en tierra santa no podemos discutir con el único cuyas promesas están con nosotros y cuyo Espíritu mora en nosotros.

Cuando Dios se nos aproxima debemos dejar que Él nos lleve más cerca de su corazón. La obediencia es la clave para que nuestra relación con Él sea más profunda. Nada nos hará acercarnos más a Dios que ser obligados a andar en terreno desconocido.

Después de una etapa de enojo con Dios, Moisés iba por el camino de Él.

Capítulo Tres

Misterio de los métodos de Dios

(Lea Éxodo 4:18-5:23)

"¿Puede usted decir que realmente conoce a Dios?"

Le hice esa pregunta a una dama judía que recientemente viajaba sentada a mi lado en el avión. Habíamos hablado sobre su historia personal, sus convicciones morales y su compromiso en la vida religiosa, o en la sinagoga. Pero yo deseaba entender en qué parte de su peregrinaje espiritual se encontraba.

"No", dijo. "No puedo decir que conozco a Dios... de hecho, no estoy segura de que Él pueda ser conocido; me parece que es muy incomprensible".

Por un lado estuve de acuerdo con ella, pero por otro no. A menudo Dios es incomprensible y difícil de entender. Pero puede ser conocido; podemos decir que sí lo conocemos. Sólo por el hecho de que no podamos saber todo acerca de Dios no significa que no podamos saber *algo* de Él. Y más aún, podemos comunicarnos con Él.

Cuando el profeta Daniel describió la turbulencia de los últimos días, al tiempo que las fuerzas del Anticristo crecen en poder, escribió: ...*el pueblo que conoce a su Dios se esforzará y actuará* (Dn. 11:32). Quienes conocen a su Dios no cederán bajo presión.

George Mueller, quizá lo recuerde, creía que el primer deber de todo cristiano era tener su alma "feliz en Dios". Quienes se hallan felices en Dios pueden sobrevivir aún cuando no haya mucho más por lo cual estarlo. Poseen un gozo interno que no fluctúa ante las duras realidades de la existencia personal. Moisés tuvo que acercarse a Dios, y cuando la vida se volvió difícil fue animado un poco más.

Después de que Moisés aceptó de mala gana ir a Egipto, tuvo tres experiencias que lo obligaron a reconsiderar su opinión de Dios. Entre más conocía al Señor, aumentaban las posibilidades de poder resistir la tentación de correr a esconderse cuando Faraón desatara su ira contra él. Cuando sólo tememos a Dios, jamás le temeremos al hombre.

Tres encuentros llevaron a Moisés a conocer tres atributos de Dios: Su *soberanía, su santidad y su fidelidad*. El emerge con una comprensión más profunda de los métodos que Dios usa. El misterio de Dios siempre lo desconcertaría, pero entre más lo conocía más intrigado estaba. En lugar de escapar del Todopoderoso, lo buscaba. Y a medida que se acercaba más a Dios aprendería cómo interpretar los acontecimientos que se desarrollarían en Egipto. La educación de Moisés con los métodos de Dios comenzó casi inmediatamente después de que él aceptó regresar para sacar a la nación de su angustia.

La soberanía de Dios

Estando aún en Madián, Dios le dio a Moisés las siguientes sorprendentes palabras: ...*Cuando hayas vuelto a Egipto, mira que hagas delante de Faraón todas las maravillas que he puesto en tu mano; pero yo endureceré su corazón, de modo que no dejará ir al pueblo* (Ex. 4:21).

Moisés tuvo que aprender que Dios es soberano en la historia.

¿Por qué endurecería Dios el corazón de Faraón? ¿Y cómo podría Él responsabilizarlo por su comportamiento si él sencillamente estaba siguiendo el guión que Dios había escrito? Estas han sido preguntas debatidas por siglos, pero la conclusión es que tales acciones son consecuentes con el carácter de Dios.

Muchos maestros de la Biblia afirman que Faraón fue quien primero endureció su corazón y que por consiguiente Dios tuvo el derecho de endurecerlo más adelante. Pero esa explicación no es muy precisa de acuerdo con el texto, debido a que el Señor le dijo a Moisés estando aún en Madián: *...pero yo endureceré su corazón, de modo que no dejará ir al pueblo* (Ex. 4:21). Dios prometió que lo haría aún antes de que la petición llegara al escritorio de Faraón.

Incluso si Faraón endureció su corazón primero, seguimos con la duda del porqué Dios hizo que su duro corazón se endureciera aún más. ¿Por qué Dios endurecería el corazón de un hombre bajo cualquier condición? ¿No esperaríamos que Él siempre ablandará los corazones en lugar de endurecerlos? ¿Y qué del libre albedrío?

En primer lugar, debemos comprender que Dios pudo haber endurecido el corazón de Faraón sencillamente quitándole la gracia común. Abandonándolo a su propia rebelión, su corazón se endurecería más contra Dios. O quizá permitió que Satanás entrara en Faraón para que fuera más inflexible contra Él.

Pero, y esto es importante, aunque Dios sólo *permitiera* que el corazón de Faraón se endureciera, Él continúa siendo quién endurece el corazón del rey, después de todo, dado que él pudo haber impedido el endurecimiento de su corazón. Por consiguiente, el corazón endurecido de un rey, así como todos los acontecimientos del mundo, deben interpretarse como parte de la divina providencia. Lo que Dios permite, a la vez lo ordena.

En segundo lugar, al preguntarnos si Dios tiene o no el derecho de endurecer el corazón de un hombre (como ya lo explicamos), la respuesta obvia es, por supuesto que sí. Si Dios endurece el corazón de un hombre, debe tener el derecho de hacerlo. Puesto que Dios es soberano, puede hacer lo que quiera con su creación.

La mayoría de la gente cree en el "libre albedrío", pero la Biblia enseña que la voluntad humana está controlada por el pecado. Cuando el conocido humanista Erasmo escribió un libro defendiendo el libre albedrío, Lutero respondió con un libro titulado *El Cautiverio de la Voluntad,* en el cual dice que la voluntad puede ser comparada con una bestia, y que cuando ésta es dirigida por Dios va hacia donde Él quiere, pero cuando es dirigida por Satanás va hacia donde éste quiere. La voluntad no es completamente "libre"; está influenciada por otras cosas.

Lutero, a diferencia del hombre moderno, no estaba interesado en la pregunta: ¿Quién soy?, sino en la pregunta: *¿De quién* soy? Si pertenecemos al diablo hacemos su obra; si pertenecemos a Dios, hacemos *su* obra. Entendemos pues que nuestra voluntad es libre, pero también que puede estar sujeta al pecado; a Satanás, o a Dios. *Como los repartimientos de las aguas, así está el corazón del rey en la mano de Jehová; a todo lo que quiere lo inclina* (Pr. 21:1).

Esto no significa que seamos instrumentos pasivos que esperan la liberación divina de los engaños satánicos. Satanás obra, pero Dios también. Sin embargo, es necesario ser consciente de que si el Todopoderoso produce en nosotros el deseo de buscarle, debemos responder para que así pueda liberarnos de los engaños. El mismo Dios que endureció el corazón de Faraón llama hacia Él los corazones de muchos otros.

Pablo preguntó si Dios era injusto, porque trata a la gente de acuerdo a su voluntad. Su respuesta fue: *En ninguna manera* (Ro. 9:14). Luego viene la afirmación concluyente: *Porque la Escritura dice a Faraón: Para esto mismo te he levantado, para mostrar en ti mi poder, y para que mi nombre sea anunciado por toda la tierra. De manera que de quien quiere, tiene misericordia, y al que quiere endurecer, endurece* (Ro. 9:17-18).

Pablo prevé nuestra dificultad con esta enseñanza cuando dice:

Pero me dirás: ¿Por qué, pues, inculpa? porque ¿quién ha resistido a su voluntad? Mas antes, oh hombre, ¿quién eres tú, para que alterques con Dios? ¿Dirá el vaso de barro al que lo formó: ¿Por qué me has hecho así? ¿O no tiene potestad el alfarero sobre el barro, para hacer de la misma masa un vaso para honra y otro para deshonra? ¿Y qué, si Dios, queriendo mostrar su ira y hacer notorio su poder, soportó con mucha paciencia los vasos de ira preparados para destrucción? (Ro. 9:19-22).

Pablo nos dice, en un tono amable, que no nos metamos en lo que no nos importa puesto que ¡no tenemos derecho a cuestionar las determinaciones de Dios!

Dios quiso usar a Faraón para demostrar su poder. Este rey pagano persistiría en su fuerte oposición para que Dios tuviera que hacer señales y maravillas que lo doblegaran, lo cual sería un ejemplo de lo que sucede cuando un hombre obstinado, orgulloso y determinado se opone a Dios. Al final Faraón sería humillado y Dios glorificado.

¿Por qué compartió Dios este poco de teología con Moisés? Obviamente Moisés pudo haberse reunido con Faraón sin saber que su endurecido corazón era parte del plan de Dios. Sin embargo, el Todopoderoso por su misericordia, le dio a Moisés esta lección por una buena razón: *Sería alentador para Moisés saber que la resistencia que encontraría hacía parte del plan providencial de Dios*. No importaba lo poderoso que pudiera parecer Faraón, este rey pagano estaba en las manos del Todopoderoso. Ningún corazón terco puede interponerse en el camino del plan maestro de Dios. Sin duda, Dios usa los corazones tercos para mostrar su poder y cumplir su voluntad.

Si resulta difícil entender la justicia soberana de Dios, por lo menos podemos alegrarnos en su misericordia soberana. Inmediatamente después de lo dicho en cuanto a Faraón, Dios le dijo a Moisés: *Y dirás a Faraón: Jehová ha dicho así: Israel es mi hijo, mi primogénito* (Ex. 4:22). Aunque Dios tomó el duro corazón de Faraón y lo endureció aún más, Él superó la indiferencia del corazón de Israel cuando escogió a Abraham y a sus descendientes para ser de bendición especial. Como Pablo escribió: *De manera que de quien quiere, tiene misericordia, y al que quiere endurecer, endurece* (Ro. 9:18).

Si hoy se encuentra acosado por la duda sobre si ha sido escogido o no por Dios; si no sabe si es Faraón o Abraham, permítame asegurarle que sólo hay una forma de saberlo: Acérquese a Cristo en actitud de humildad y arrepentimiento, y reciba la promesa de que no será desechado. Tal como dice el escritor de Hebreos: *...Si oyereis hoy su voz, no endurezcáis vuestros corazones...* (He. 3:7-8a). Si deseamos seguir a Dios, debemos hacerlo ahora mismo.

Sí, Dios es soberano aun del corazón humano. Moisés debía ir a Egipto con la confianza de saber que los obstáculos venideros no serían solamente previstos por el Todopoderoso, sino que en realidad eran ordenados por Él. *Moisés debía sentirse confortado, y no confundido, por la sabiduría de Dios.*

Quizá trabaje o viva con gente particularmente terca, que se niega al diálogo racional. Debemos entender que la providencia de Dios se extiende hasta la voluntad humana, y que Él usará personas así para su propia gloria. Una apreciación de esta índole sobre la soberanía de Dios nos permite hacerle frente a las perplejidades del conflicto humano.

A medida que Moisés reflexionaba en estas palabras, se daba cuenta de que encontraría un Faraón furioso, pero también sabía que había creído en el Dios de la victoria. Sencillamente ¡Dios haría surgir un obstáculo con el cual demostraría que Él supera todo impedimento.

Moisés se acercaba más a Dios.

La santidad de Dios

Moisés, su esposa Séfora, y sus hijos, esperaban tener un viaje tranquilo hacia Egipto, una tregua antes de que comenzara el conflicto. Pero pasando la noche en una posada, Moisés fue derribado por la enfermedad, así que su vida estuvo en peligro.

Moisés estuvo a punto de morir porque pasó por alto uno de los mandamientos del Señor:

> *Y aconteció en el camino, que en una posada Jehová le salió al encuentro, y quiso matarlo. Entonces Séfora tomó un pedernal afilado y cortó el prepucio de su hijo, y lo echó a sus pies, diciendo: A la verdad tú me eres un esposo de sangre. Así le dejó luego ir. Y ella dijo: Esposo de sangre, a causa de la circuncisión* (Ex. 4:24-26).

¿Qué significaba todo esto?

Moisés no había seguido las instrucciones de Dios en cuanto a que su hijo fuera circuncidado. Evidentemente, había descuidado esto porque su esposa se oponía a lo que consideraba un repugnante acto de sangre. Mientras Moisés estaba en cama, derribado por Dios, ella llevaba a cabo el rito de la circuncisión, y arrojó el prepucio a los pies de su esposo enfermo diciéndole: *A la verdad tú me eres un esposo de sangre.*

Moisés aprendió que Dios esperaba su obediencia aunque la orden fuera desagradable y dolorosa. El era la cabeza del hogar y debió haber insistido para que se hiciera lo correcto aunque su esposa se opusiera. Si él iba a ser ejemplo para el pueblo, tenía que poner su propia casa en orden. *Para liderar a una nación tenía que liderar su hogar.*

Muchos se descalifican para el liderazgo espiritual porque no son líderes en su hogar. Quizá un hombre tenga una esposa que no quiere asistir a la iglesia, o que no tiene su misma fe, entonces, para mantener la paz, da la espalda y se aleja de las responsabilidades dadas por Dios. La obediencia a Dios en el seno del hogar exige tanto sensibilidad como firmeza.

Claro está que a menudo las cosas son al revés. Con frecuencia es la esposa quien tiene un profundo compromiso espiritual y se ve obligada a tomar las riendas debido a que su esposo es desinteresado u hostil. Aún así, el día de rendir cuentas, el hombre será culpable.

Moisés pudo haber protestado sosteniendo que su juicio era más severo de lo que se merecía, y que ya estaba demostrando obediencia porque estaba de regreso a Egipto. ¿En realidad esta era la forma como debía ser tratado? Sin embargo, Dios estaba enseñándole que quienes son llamados a guiar deben obedecer; de hecho, deben tener mucho cuidado de hacer lo que Él ordena. Entre más grande sea la responsabilidad de liderazgo, mayor será el castigo por la desobediencia.

La obediencia a un mandato no exoneró a Moisés de la obediencia a otro. El asunto no radicaba en cuanto a si el tema de la circuncisión era o no trascendente, sino en si se había llevado a cabo conforme a la orden de Dios. Ni siquiera la intención de mantener la paz en el hogar es una excusa para la desobediencia.

Años más tarde Moisés se hallaría en situaciones en las cuales debía obedecer a Dios aun cuando la mayoría de la gente que lo rodeaba no deseara hacerlo. Mientras gran parte de la nación se hundía en la idolatría, e incluso su hermano Aarón se le oponía, Moisés tendría que levantarse solo, para llamar la nación al arrepentimiento. Sin duda a menudo recordaba aquella noche cuando casi muere debido a su actitud indiferente hacia las instrucciones de Dios.

Con su vida pendiendo de un hilo, Moisés aprendió una segunda lección teológica contundente: Dios es santo y no pasará por alto un pecado, no importa cuánto lo justifiquemos.

La santidad de Dios nos atrae, pero también nos aleja. Sentimos el deseo de adorar a Dios por su santidad; pero sin su gracia y misericordia, retrocederíamos de Él temerosos, culpables y avergonzados. Todo aquel que contempla la santidad de Dios es derribado por su propia pecaminosidad.

Moisés fue duramente disciplinado, pero también invitado a acercarse; a aprender más del Dios que lo acompañaba en su ruta hacia Egipto. Su conocimiento de Dios estaba creciendo, y con cada encuentro se convencía más de que Dios debía ser amado y temido.

Para cuando llegara a Egipto, tendría una visión más amplia de Dios. Había otra razón para confiar en Dios.

La fidelidad de Dios

Moisés regresó a Egipto y pudo tener una audiencia con el Faraón. Quizá no habría podido entrar a la presencia del rey si no hubiera sido recordado como el hombre que se había criado en la corte del rey anterior. Es posible que el nuevo rey se hubiera enterado, a través de sus consejeros, de que había una solicitud de audiencia por parte de un hombre que alguna vez había estado en la línea sucesora para ser Faraón. Quizá también supo que este hombre había traicionado su herencia volviéndose contra el rey, y aliándose con los esclavos judíos.

¡Imagínese los recuerdos que con seguridad Moisés tuvo cuando se dirigía por el corredor y se acercaba al Faraón de turno! Cuando niño había corrido por esos pasillos, y como adulto había avanzado con paso majestuoso por los monumentos históricos con una extraña mezcla de reverencia y disgusto. A los 40 años había sido tentado a optar por los tesoros de Egipto, pero su conciencia no se lo permitió.

Ahora a los 80 estaba ante el rey como representante de un Dios que hasta ahora llegaba a conocer íntimamente. *...Jehová el Dios de Israel dice así: Deja ir a mi pueblo a celebrarme fiesta en el desierto* (Ex. 5:1). La intención final era que Israel saliera permanentemente, pero Dios quería demostrar que el Faraón ni siquiera aceptaría una solicitud razonable para un corto retiro.

Moisés sabía cual sería la respuesta: *...¿Quién es Jehová, para que yo oiga su voz y deje ir a Israel? Yo no conozco a Jehová, ni tampoco dejaré ir a Israel* (Ex. 5:2). La solicitud era impertinente. ¿Por qué el Faraón debía responder a la petición de otro dios cuando el suyo le había servido tan bien?

El furioso rey interpretó la solicitud sólo como una táctica distractora. Los hijos de Israel eran sus esclavos, quienes tenían la responsabilidad de construir ciudades tales como Pitón y Ramsés. Tenían a cargo el noble propósito de contribuir a las gloriosas edificaciones de Egipto. Pero si el pueblo no tenía nada mejor que hacer, sino sólo pedir permiso para unas vacaciones, esta era una prueba indudable de que estaba demasiado ocioso.

Entonces Faraón se reunió con los directores de las obras, quienes a su vez dirigían a los capataces israelitas a cuyo cargo estaban los aspectos rutinarios de los proyectos de construcción. Para emitir esta orden: *De aquí en adelante no daréis paja al pueblo para hacer ladrillo, como hasta ahora; vayan ellos y recojan por sí mismos la paja* (Ex. 5:7). ¡En sí mismo eso pudo haber parecido razonable, pero iba ligado a la exigencia de que la cuota de ladrillos que hacían debía seguir siendo la misma!

La confrontación de Moisés con el Faraón fue un desastre. Al concluir su reunión con los supervisores de las obras ellos les comunicaron el mensaje a los capataces de Israel, y a Moisés y a Aarón, quienes esperaban fuera de la corte del Faraón. Cuando los israelitas supieron la terrible noticia, culparon a Moisés: *...Mire Jehová sobre vosotros, y juzgue; pues nos habéis hecho abominables delante de Faraón y de sus siervos, poniéndoles la espada en la mano para que nos maten* (Ex. 5:21).

A la mañana siguiente los esclavos tuvieron que comenzar a trabajar mucho más temprano, recorrer un terreno más extenso y aún así cumplir con la misma cuota de ladrillos. Si no lo hacían, eran azotados. *Agrávese la servidumbre sobre ellos, para que se ocupen en ella, y no atiendan a palabras mentirosas* (Ex. 5:9). Y cuando los capataces de Israel conformaron una delegación para hablarle al Faraón, él los acusó de perezosos. *...Estáis ociosos, sí ociosos, y por eso decís: Vamos y ofrezcamos sacrificios a Jehová* (Ex. 5:17).

Póngase por un momento en la posición de Moisés. En primer lugar usted no quería este trabajo. Le había expresado al Señor por qué se sentía inapropiado para esta tarea de liderazgo. Se había adaptado al desierto. Si el ambiente no era emocionante por lo menos la crítica estaba ausente. A regañadientes ha hecho lo mejor, y ahora es culpado por empeorar las cosas.

Moisés escogió la única opción razonable. Le clamó al Señor: *...Señor, ¿por qué afliges a este pueblo? ¿Para qué me enviaste? Porque desde que yo vine a Faraón para hablarle en tu nombre, ha afligido a este pueblo; y tú no has librado a tu pueblo* (Ex. 5:22-23).

Moisés había sido introducido a la soberanía y santidad de Dios, y ahora necesitaba el ánimo de su fidelidad. El Señor, por su misericordia, le reveló el significado de su nombre, y después le reafirmó sus promesas:

Habló todavía Dios a Moisés, y le dijo: Yo soy JEHOVÁ. Y aparecí a Abraham, a Isaac y a Jacob como Dios Omnipotente, mas en mi nombre JEHOVÁ no me di a conocer a ellos. También establecí mi pacto con ellos, de darles la tierra de Canaán, la tierra en que fueron forasteros, y en la cual habitaron. Asimismo yo he oído el gemido de los hijos de Israel, a quienes hacen servir los egipcios, y me he acordado de mi pacto. Por tanto, dirás a los hijos de Israel: Yo soy JEHOVÁ; y yo os sacaré de debajo de las tareas pesadas de Egipto, y os libraré de su servidumbre, y os redimiré con brazo extendido, y con juicios grandes; y os tomaré por mi pueblo y seré vuestro Dios; y vosotros sabréis que yo soy Jehová vuestro Dios, que os sacó de debajo de las tareas pesadas de Egipto. Y os meteré en la tierra por la cual alcé mi mano jurando que la daría a Abraham, a Isaac y a Jacob; y yo os la daré por heredad. Yo JEHOVÁ (Ex. 6:2-8).

Siete veces Dios dice, "lo haré". Dios cumpliría su pacto; el dolor de su pueblo no ha pasado desapercibido. Dios librará al pueblo de la mano de Faraón de acuerdo con su plan. Moisés no es quien debe resolver el conflicto con Faraón. Dios tiene un plan; un propósito que llevaría a cabo. De hecho, como ya lo hemos aprendido, este rey rebelde es parte del glorioso plan de Dios.

¿Por qué dijo Dios que no se había dado a conocer a los patriarcas por el nombre de Jehová? (Ex. 6:3). Había usado el nombre Jehová cuando se había dado a conocer a Abraham, Isaac, y Jacob (por ejemplo, en Génesis 13:4). Sin embargo, los patriarcas no sabían el significado de la palabra Jehová; no conocían a Dios como un cumplidor de promesas, Aquél quien personalmente libraría a su pueblo. Vieron la misericordia y el poder de Dios, pero no lo consideraron un Redentor digno de confianza.

Dios estaba diciendo: "Moisés, tu obediencia puede haberte frustrado; puedes tener a tu propia nación enojada en contra tuya, pero mi fidelidad sobrepasará este terrible golpe. Cuando te encuentres temporalmente derrotado debes tomar tiempo para observar mis planes a largo alcance. Quizá tus amigos te abandonen cuando el trayecto sea difícil, pero yo estaré contigo no importa lo que pase".

Moisés estaba aprendiendo, como todos debemos hacerlo, que las pruebas de la vida deben llevarnos al corazón de Dios. Si vemos nuestro camino obstaculizado por personas tercas, debemos aprender que, incluso Dios, usa a estas personas para alcanzar su voluntad y propósito.

Los conflictos del hogar, o el trabajo prueban nuestra obediencia a Dios. Y cuando experimentemos el agudo puñal de la traición, Dios estará con nosotros apaciguando el dolor, y llenando el vacío creado por quienes son amigos cuando prosperamos (Sal. 73:25-26).

Faraones vienen y Faraones van, pero Dios sigue ahí. Los amigos vienen y se van, pero Dios sigue ahí. Un cónyuge puede ser fiel o infiel, pero Dios sigue ahí. Y cuando somos falsamente acusados, Dios nos acompaña durante el juicio. *Lo que está fuera de nuestro control Él lo sujeta con firmeza.*

Joni Eareckson Tada, a la fecha de la escritura de este libro, ha pasado 26 años en una silla de ruedas debido a un accidente mientras buceaba. En una entrevista señaló que ha sido un largo período, y que justo cuando cree que tiene todo bajo control le viene una nueva dificultad que no le permite cumplir con sus compromisos y metas. "Pero Dios", dice ella, "está más interesado en que me acerque a su corazón, que en el cumplimiento de mis compromisos, o el ministerio público".

Lea cuidadosamente sus palabras:

Es extraño, pero mi sufrimiento, especialmente mi aflicción física, es lo que ha hecho mi búsqueda más fácil. Me tengo que acostar a las 8:00 de la noche y sólo puedo mover la cabeza. Mi incapacidad es una condición física que somete mi desenfrenado apetito espiritual. Tengo que recurrir a Dios. No tengo ningún otro lugar a donde ir. No ha sido un obstáculo en mi búsqueda de Dios; ha pavimentado el camino... la única forma como podemos disfrutar del cielo es dejando que Dios se adueñe primero de nuestro corazón (Citado en Legioner's *Conference Journal*, 5 de marzo de 1993, Pag. 4).

De una forma interesante, Joni dice que la razón por la cual anhela el cielo no es para tener un cuerpo restaurado, aunque admite que anhela pararse sobre sus propios pies, y luego arrodillarse para adorar a Cristo. Anhela el cielo, dice, para liberarse de las luchas contra el pecado que tiene dentro de su propia mente.

En su libro *Knowing God (Conociendo a Dios)*, J.I. Packer dice que las personas que conocen a Dios se caracterizan por cuatro cosas. Ellas (1), poseen *gran energía para las cosas de Dios*. Estudie la historia de la Iglesia y se dará cuenta de que quienes conocieron a Dios defendieron la verdad a un costo personal muy alto. Fueron sensibles a situaciones en las que la verdad de Dios y su honra estaban en peligro directa o tácitamente, y buscaron cambiar la situación a pesar del riesgo personal. Luego (2), tienen *grandes pensamientos hacia Dios*. Daniel, quien conocía a Dios, nos dio algunas de las más grandes lecciones acerca de su soberanía sobre los temores humanos. Quienes conocen al Dios Todopoderoso son verdaderos adoradores. (3), muestran *gran valentía por Él*. Tan pronto como Daniel y sus amigos se convencieron de que su posición era la correcta, dice Oswald Chambers, "sonriendo se lavaron las manos ante las consecuencias". Una vez que tales personas creen que han hallado la voluntad de Dios, pueden defender su causa aunque otros no estén de acuerdo con ellos. (4), Finalmente quienes conocen a Dios *disfrutan del contentamiento en Él.* Están en paz consigo mismos, porque están en paz con Dios. El peso de la condena ha sido levantado, por eso cuentan con recursos internos para hacerle frente a los contratiempos.

Todos debemos aprender como Moisés y Joni, que Dios no nos desampara cuando la vida se pone difícil. Él nos muestra otro aspecto de su carácter, que nos sostendrá, a la vez que amplía nuestra comprensión de su providencia y poder. Quiere demostrarnos que es fiel aunque no nos libere de las aflicciones. Sus métodos pueden parecernos misteriosos, pero aun así podemos confiar en su corazón.

Moisés se iba acercando a Dios como nunca antes lo había hecho. Sabía que lo tenía tan cerca, como cuando la zarza ardía y el ángel del Señor le hablaba. Comenzaba a conocer al Dios en el cual podía confiar.

Entre más se acercaba a Él, más pacíficamente podía aceptar su humillante derrota. Lo que aparentaba ser un paso atrás, en realidad era un paso adelante si Dios tenía todo bajo control.

Pero este era sólo el comienzo.

Capítulo Cuatro

Derribando los ídolos

(Lea Éxodo 6-10)

"Hitler ha hecho lo peor, nosotros haremos lo mejor", dijo Wiston Churchill en un momento cuando no les estaba yendo bien durante la Segunda Guerra Mundial. Sabía que tendría que reunir y reanimar a las tropas, mantener la moral en alto, y convencer a una generación asediada de británicos de que se podía ganar la guerra.

Aprendimos que Moisés salió del palacio del rey desanimado, quizá hasta sintiéndose traicionado por Dios. Hizo lo correcto, pero las consecuencias de su obediencia no fueron las que esperaba. Y no sería fácil arreglar la situación. Cuando llegó al pueblo para explicar lo que había sucedido, *...ellos no escuchaban a Moisés a causa de la congoja de espíritu, y de la dura servidumbre* (Ex. 6:9).

Su credibilidad fue destrozada. Se evaporó cualquier idea de que podría verse como héroe. Debido a que los esfuerzos bienintencionados de Moisés sólo le habían aumentado el sufrimiento, sus amigos pensaron que lo mejor era que se hubiera quedado en Madián. *Después de que Moisés hizo lo mejor que podía, Faraón hizo lo peor.*

Cuando Dios le pidió que acordara una segunda cita con Faraón, Moisés contestó: ...*He aquí, los hijos de Israel no me escuchan; ¿cómo, pues, me escuchará Faraón, siendo yo torpe de labios?* (Ex. 6:12). Aparentemente hasta el Faraón había escuchado que los israelitas ya no estaban de parte de Moisés. ¿Si los israelitas no escuchaban a Moisés, por qué habría de hacerlo él?

Cuando Dios repitió su petición, Moisés repitió su queja: De todas maneras Faraón no me escuchará (Ex. 6:30). Pero Moisés fue animado cuando Dios le prometió que los israelitas pronto serían testigos de una contienda entre el Todopoderoso y los ídolos paganos que reverenciaban los egipcios. Los dioses vanos e ineficaces que habían captado la lealtad de una nación, muy pronto serían expuestos como fraudes. Entonces Moisés llevó a su hermano Aarón y juntos fueron al palacio para ver una vez más a Faraón.

Ante Faraón, Moisés y Aarón recibieron la petición de hacer un milagro para que probara su autoridad. En respuesta, ...*echó Aarón su vara delante de Faraón y de sus siervos, y se hizo culebra* (Ex. 7:10). Aunque esperaríamos que Faraón fuera impresionado, con calma llamó a sus propios hechiceros, y evidentemente ellos realizaron el mismo milagro. Sin embargo, hubo una crucial diferencia: ...*la vara de Aarón devoró las varas de ellos* (Ex. 7:12).

Los dioses falsos tratan de falsificar por todos los medios, lo que el Dios verdadero puede hacer. Estos hechiceros, evidentemente llamados Janes y Jambres (2 Ti. 3:8), probablemente utilizaron una combinación de hechicería y poder demoníaco en su intento de hacer lo mismo que Dios estaba haciendo. Aunque en algunas ocasiones tenían éxito, la mayoría de las veces fallaban. En esta oportunidad le dieron a Faraón la confianza que necesitaba para decirle a Moisés y Aarón que se fueran.

Con el tiempo Moisés aprendería que Dios siempre está combatiendo la idolatría. Puede tratarse de los dioses de los egipcios paganos, o de los dioses de hoy a nivel mundial, pero Dios no puede tolerar la competencia. Esto no significa que Él se sienta inseguro en cuanto a su posición en el mundo, sino a que Él es el único ser digno de alabanza y honor. Nuestro valor proviene de Dios y sólo Él es la fuente de su propio valor.

Moisés también aprendería que los dioses falsos son tolerantes entre sí. Una cultura puede creer en el politeísmo (muchos dioses), siempre y cuando esos dioses sean finitos. Egipto tenía muchos dioses, por lo menos unos 80. Sin duda Faraón (posiblemente Amenhotep II) era considerado un dios. Sus vestiduras tenían símbolos de la deidad, y con gusto recibía la adoración de sus súbditos.

Para hacerlo más notorio, Dios decidió exponer a la burla a unos cuantos de estos dioses, y al mismo Faraón. Algunos dioses con un alto nivel de influencia fueron afectados por más de una, o varias de las plagas. Y debido a que cada región de Egipto tenía diferentes dioses, identificar qué dios le corresponde a cada plaga, no es fácil. Pero no se nos permite suponer cuáles son las intenciones de Dios. Él dijo abiertamente que lo estaba haciendo para que los egipcios quedaran en ridículo, cuando afirmó: *...ejecutaré mis juicios en todos los dioses de Egipto. Yo Jehová* (Ex. 12:12). Todo estaba listo para una lucha crucial entre Dios y sus supuestos rivales.

Acompáñeme en un rápido recorrido por varios capítulos de Éxodo, e imaginémonos lo que Moisés pensaba cuando veía que el poder de Dios se manifestaba. El vio la batalla entre dos voluntades; la voluntad de un rey poderoso y rebelde, y la voluntad del Dios soberano. Moisés aprendió que Dios aborrece apasionadamente la idolatría que tanto aman los hombres.

Las nueve plagas son diferentes, pero útiles para el mismo objetivo. Todas nos permiten discernir los propósitos de Dios. Al final de este capítulo resumiré la nueva comprensión que Moisés tenía acerca de Dios. Día a día se acercaba más al corazón del Todopoderoso.

El Nilo convertido en sangre

Dios le dijo a Moisés que le pidiera a Aarón extender su vara sobre los ríos y arroyos los cuales se convirtieron en sangre ante Faraón y sus consejeros. Para entonces la fe de Moisés había aumentado hasta el nivel en el cual de verdad creía que sucedería el milagro, y así fue. Los peces murieron y el hedor se tornó insoportable por toda la tierra.

Este fue un juicio sobre Apis, el dios toro del Nilo, e Isis, la diosa del Nilo, los cuales eran adorados por lo vital que era dicho río para Egipto.

Una vez más los hechiceros y los magos parecieron repetir el milagro. Como ya todo el Nilo era sangre, no pudieron rehacer el espectáculo, pero quizá tomaron agua de un pozo y la hicieron ver roja como sangre. De todas formas era una razón suficiente para convencer a Faraón de que no había por qué preocuparse. Endureció su corazón y no dejó salir al pueblo.

Faraón no se dio por vencido, pero Dios tampoco.

Aparecen ranas

Para la diosa Heget la rana era considerada sagrada y símbolo de fertilidad. Ahora, aquella diosa en lugar de servir de ayuda, se convirtió en un objeto odioso. Las ranas croaban a los pies de los egipcios. Se mezclaban con la harina cuando las mujeres amasaban, y croaban desde las alacenas y los armarios.

Este segundo milagro también fue repetido por los hechiceros de Faraón. Bien podríamos dudar si aquellos hechiceros tenían la capacidad de crear vida (prerrogativa exclusiva de Dios). Pero mediante la hechicería aparentaron ser capaces de hacer que las ranas se multiplicaran tal como lo había hecho Moisés. Pero cuando Faraón quiso que desaparecieran ¡tuvo que llamar a Moisés para que él lo hiciera! Sus hechiceros le habían fallado. Frustrado, Faraón llamó a Moisés y le dijo: *...Orad a Jehová para que quite las ranas de mí y de mi pueblo, y dejaré ir a tu pueblo para que ofrezca sacrificios a Jehová* (Ex. 8:8).

¿Por fin Faraón se había convencido de la superioridad de Dios? ¿Por fin estaba listo para dejar ir al pueblo?

Difícilmente.

Moisés oró, y las ranas murieron, pero ¡Faraón cambió de opinión!

Piojos cubren la tierra

El dios del desierto se llamaba Set, y su función era la de proteger la tierra de una invasión de insectos. Ahora con un golpe de su vara, Aarón convirtió el polvo de la tierra en piojos que pululaban por toda la región. La presencia de esta peste los humillaba a todos.

Faraón estaba perdiendo la confianza en sus hechiceros, pero les dio la oportunidad de comprobar que eran iguales a Moisés y Aarón. Esta vez, sin embargo, admitieron que sencillamente no podían repetir el milagro, y confesaron: *...Dedo de Dios es este* (Ex. 8:19).

Sin embargo, Faraón era muy terco como para cambiar de opinión. Tal como Dios lo había predicho, endureció su corazón y no dejó salir al pueblo. Más insectos venían en camino.

Enjambres de moscas

Re, dios del sol, era representado por la mosca. De repente había enjambres de estos insectos por toda la tierra, y se metían en las casas de los egipcios. La devastación era tal que toda la tierra "fue arrasada" por la plaga.

Evidentemente las primeras tres plagas habían alcanzado toda la tierra, incluyendo el territorio de los israelitas. Pero a partir de los enjambres de moscas, Dios dividió el país en dos partes y protegió a los hebreos de aquel juicio (Ex. 8:23).

Desesperado Faraón llamó a Moisés e hizo la primera de cuatro concesiones. Dijo que los hebreos podían adorar en la tierra (Ex. 8:25). Presionó a Moisés a aceptar tanto la obediencia parcial, como la exigencia del Señor.

Moisés señaló que sería una ofensa sacrificar ovejas en esa tierra, ya que los egipcios las consideraban abominables. Los israelitas tendrían que salir de Egipto en obediencia a la palabra del Señor.

Faraón no estuvo en contra, pero sugirió una segunda concesión ...*Yo os dejaré ir para que ofrezcáis sacrificios a Jehová vuestro Dios en el desierto, con tal que no vayáis más lejos...* (Ex. 8:28). Y hasta añadió, "orad por mí".

¿Comienza Faraón a atenuar su postura? ¿Es este el comienzo de lo que Moisés buscaba, es decir, permiso para salir?

Moisés creyó en la palabra de Faraón, oró a Dios y los enjambres de moscas desaparecieron. Sin embargo, cualquier indicio de que Faraón estaba cediendo rápidamente se desvaneció, tan pronto como la crisis fue superada. No todo el que se inclina en dirección a Dios está listo para rendirse completamente.

Faraón salió de paseo bajo el cielo claro, y su corazón se endureció. Tercamente se negó a dejar salir al pueblo.

Plaga en los animales domésticos

La siguiente plaga ridiculizó a Hathor, diosa con cabeza de vaca, y a Apis, el dios toro, símbolo de la fertilidad. Los caballos, asnos, camellos, vacas y ovejas de los egipcios murieron. Aparentemente sólo afectó a los animales que *estaban en el campo* (Ex. 9:3). Esto explica por qué algunos animales aún vivían cuando días más tarde, la plaga de úlceras apareció.

A pesar de este golpe para los egipcios, los animales de los israelitas salieron ilesos. Cuando Faraón envió a sus hombres a investigar este extraño fenómeno se enojó, y una vez más endureció su corazón. Estaba decidido, más que antes, a no dejar salir a los israelitas.

Plaga de las úlceras

Sekhmet, diosa con supuesto poder sobre la enfermedad, fue severamente humillada cuando apareció la siguiente plaga. Moisés tomó unos puñados de ceniza y los arrojó al aire, la cual descendió con una epidemia de úlceras, que alcanzó tanto a los hombres como a los animales por toda la tierra de Egipto. El dolor y la rasquiña de esas llagas crearon un espectáculo repugnante. Los hechiceros ni siquiera intentaron repetir este milagro porque ¡ellos también las tenían!

Faraón mismo, como dios que era, fue humillado. Pero se mantuvo firme y dijo: "¡No!".

Truenos, relámpagos y granizo

Nut, diosa del cielo, y Osiris, dios de la cosecha y la fertilidad confirmaron su impotencia cuando una intensa tormenta se extendió por la tierra. Los árboles fueron desgajados y la linaza y la cebada taladas. Los truenos, el granizo y los relámpagos conformaron algo *...tan grande, cual nunca hubo en toda la tierra de Egipto desde que fue habitada* (Ex. 9:24). La tormenta azotó los animales que se encontraban en el campo, las plantas y los árboles. También provocó el terror en los corazones de los egipcios.

Finalmente, Faraón confesó: *...He pecado esta vez; Jehová es justo, y yo y mi pueblo impíos. Orad a Jehová... y yo os dejaré ir, y no os detendréis más* (Ex. 9:27-28).

Sin duda esa afirmación parecía una conversión. Por esta razón Moisés salió de la ciudad, levantó sus manos al cielo, y el viento y el granizo se detuvieron. Por fin tenía el permiso para salir.

Entonces Faraón salió a caminar otra vez por su hermoso palacio. Como respiró aire puro y sintió el cálido sol sobre su cuerpo, concluyó que su arrepentimiento había sido demasiado precipitado. ¡Así que se arrepintió de su arrepentimiento! ¡Su respuesta continuó siendo, no!

Plaga de langostas

Nut, diosa del cielo, y Osiris, dios de la cosecha y la fertilidad fueron humillados una vez más. Cuando Moisés predijo que vendrían las langostas, ya estaban en camino. Los consejeros de Faraón estaban horrorizados. Convocaron una reunión de alto nivel y tuvieron el valor de decirle a su "dios" que ya era hora de dejar partir a los israelitas. Ellos preguntaron: *...¿Acaso no sabes todavía que Egipto está ya destruido?* (Ex. 10:7). Por lo menos, le dijeron, deja ir a los hombres para que ofrezcan sacrificios a su Dios; si las mujeres y los niños permanecían en Egipto con seguridad los hombres regresarían.

Faraón aceptó de mala gana. Otra vez llamó a Moisés al palacio y le dijo que sólo a los hombres se le permitiría ir a servir al Señor. Cuando Moisés contestó que toda la nación debía salir, Faraón se enojó y dijo que no.

A una orden, la plaga de langostas invadió toda la tierra. No se podía ver el sol por las nubes que conformaban la peste. Esta fue la peor infestación de langostas jamás registrada en la historia. Los hambrientos insectos se

comieron lo poco que quedaba después de la fuerte grani-
zada. *...No quedó cosa verde en árboles ni en hierba del
campo, en toda la tierra de Egipto* (Ex. 10:15). Las
langostas se metieron dentro de las bodegas, las casas, y
sin duda dentro del palacio.

Faraón no pudo soportarlo más. Apresuradamente
llamó a Moisés y a Aarón y les dijo: *...He pecado contra
Jehová vuestro Dios, y contra vosotros. Mas os ruego
ahora que perdonéis mi pecado solamente esta vez, y
que oréis a Jehová vuestro Dios que quite de mí al menos
esta plaga mortal* (Ex. 10:16-17).

¿Al fin una auténtica conversión? Quizá Faraón se
estaba volviendo a Dios. Moisés oró y el viento del oriente,
que trajo las langostas, se detuvo, luego vino un viento del
occidente que las arrastró a todas.

Acertó: Faraón cambió de opinión, endureció su corazón, y no dejó salir al pueblo.

Tinieblas que podían sentirse

Re y Horus, dioses del sol, no pudieron hacer nada
cuando Moisés levantó su mano hacia el cielo y la oscuridad vino sobre la tierra de Egipto. Durante tres días no se
movió cosa alguna; cada persona tuvo que permanecer
donde estaba cuando descendió la oscuridad.

Faraón volvió a hacer una aparente confesión. Durante
la plaga de las moscas había hecho dos. (1) Dijo que podían
adorar si se quedaban en Egipto; luego (2), dijo que podían
salir, pero no lejos. Ahora (3), sugería que todos podían
salir, menos sus rebaños y el ganado. Obviamente quería
que aquellos animales reemplazaran a los que habían
muerto durante la invasión de las plagas.

Moisés señaló que necesitaban sus animales para los
sacrificios. Ninguna persona ni animal se quedaría.

Faraón se negó y le dijo a Moisés que se fuera, y que nunca regresara. ...*Retírate de mí; guárdate que no veas más mi rostro, porque en cualquier día que vieres mi rostro, morirás.* Y Moisés respondió: *Bien has dicho; no veré más tu rostro* (Ex. 10:24-29). Con ese acto el rey selló su propia sentencia.

La dureza del corazón de Faraón aumentaba, a medida que el incumplimiento de su promesa era más frecuente. Dios ganaría el tira y afloje, y Faraón moriría iracundo y desafiante. Él, junto con sus dioses, sería humillado.

La última plaga fue la más devastadora: Los primogénitos de todas las familias egipcias murieron la misma noche. Esta plaga será estudiada con más cuidado en el siguiente capítulo, debido a que marcó el inicio de la Pascua en la historia de los israelitas.

Significado de las plagas

Sólo necesitamos de unos cuantos minutos para leer la descripción de aquellas plagas, pero no olvidemos que en realidad Faraón y su pueblo las padecieron durante un período de seis a nueve meses aproximadamente. Moisés, personaje central de la controversia, aprendió que se debía amar y adorar a Dios, pero también temerle. No se trataba únicamente de reconocer la soberanía, santidad y fidelidad del Señor. Dios tenía la misión de probar algo; y lo hizo con elegancia y persistencia.

Como por un lente se ve mejor, a medida que se gradúa, las plagas de Egipto permitieron ver con más claridad el carácter de Dios. Entre más se acercaba Moisés a Dios, más entendía la mente divina; aprendía cuán profundo sentía Él en cuanto al paganismo y la rebelión de un furioso rey.

A corto plazo Moisés vio el *juicio* de Dios. Estas plagas tenían características de los eventos naturales, pero no eran sólo un golpe de mala suerte ofrecido por la casualidad de la naturaleza. Por esa razón no sucedieron casualmente, sino que siempre aparecían y desaparecían de acuerdo con la oración de Moisés.

También fueron más intensas que los fenómenos naturales. Egipto siempre había tenido ranas, pero no tantas como para que llenaran las casas de sus habitantes. Siempre había existido la enfermedad entre el ganado, o langostas en los campos, pero nunca el país había estado paralizado por unas plagas así. Ninguna nación ha tenido jamás tres días de una oscuridad tan densa que "hasta se podía tocar". Estos eran fenómenos naturales con un poder devastador.

También fueron aumentando en intensidad. La primera plaga fue contra el Nilo, otras fueron contra los animales, pero la serie finaliza con un niño muerto en cada hogar egipcio. Cada flecha era más destructiva que la anterior. Los hechiceros tenían razón. Este era el *dedo de Dios*. Hasta donde sabemos, históricamente aquella ha sido la única cultura juzgada de esta forma. Debido a que Dios odia la idolatría siempre, en esta vida o en la porvenir juzgará este pecado donde se encuentre.

¿Cómo juzga Dios la idolatría hoy? Comienza por llevar a su propio pueblo al punto donde se dé cuenta de lo insensato que es jugar con los ídolos. Él hace que nuestros ídolos nos abandonen en épocas de necesidad. Permite desesperación en lugar de satisfacción; problemas en vez de felicidad. ¡Hace que nuestro dios se derribe estruendosamente!

Si su experiencia es como la mía, luchar contra los ídolos del corazón es como sacar la maleza de los huertos. Justo cuando uno cree que la erradicó, germina otra vez. Por esa razón la vida cristiana incluye el arrepentimiento continuo.

A menudo Dios también hará sentir, a los no creyentes, insatisfechos con sus ídolos. Les dará el deseo por algo mejor, y con el paso del tiempo algunos verán lo necesario que es buscar el perdón de Dios.

Dios con frecuencia trae juicio sobre el que no se arrepiente abandonándolo a sus ídolos. Cuando la tribu de Efraín estuvo aferrada a sus dioses, sin prestar atención a las advertencias del profeta, Dios finalmente dijo: ...*Efraín es dado a ídolos; déjalo* (Os. 4:17). *Cuando uno está satisfecho con sus ídolos, vive el peor de los juicios.* Quien se encuentra satisfecho con los ídolos nunca buscará al Dios verdadero, y sólo en la eternidad se dará cuenta de que ellos lo engañaron.

Si creemos que el juicio de Dios es demasiado severo, es probable que nuestro concepto de la idolatría sea demasiado superficial. Dios pregunta:

> *¿A qué, pues, me haréis semejante o me compararéis? dice el Santo. Levantad en alto vuestros ojos, y mirad quién creó estas cosas; él saca y cuenta su ejército; a todas llama por sus nombres; ninguna faltará; tal es la grandeza de su fuerza, y el poder de su dominio* (Is. 40:25-26).

Con razón la idolatría ofende al Todopoderoso.

Moisés también crecía en el conocimiento de la unicidad del *carácter* de Dios. Hay algunas cosas que los dioses paganos, bajo la influencia satánica pueden hacer. Pero sólo Dios puede crear la vida. Sólo Dios puede tomar una vara y convertirla en serpiente. Sólo Dios puede tomar el polvo y convertirlo en piojos. Y sólo Dios puede detener las plagas en toda la tierra una vez que aparecen. Los dioses falsos poseen una mezcla de éxito y fracaso. Los hechiceros y los magos que se entregan a Satanás, tienen el poder de hacer algunos milagros, pero no muchos.

Los dioses falsos (Satanás en realidad) siempre buscan imitar al Dios verdadero. Como son tristemente inferiores, intentan imitar cualquier cosa que haga Dios. Satanás insiste en que él nos puede dar todo lo que Dios nos da, sin necesidad de la humildad y el arrepentimiento. Su propósito es presentar una alternativa agradable (aunque engañosa) a la fe en el verdadero Dios. Quiere que sus seguidores sean clientes satisfechos, sólo hasta tenerlos firmemente bajo su control.

Dios es especial. El no imita a otros dioses ni aprende de ellos. El es único, y no tiene rivales serios. *Acordaos de las cosas pasadas desde los tiempos antiguos; porque yo soy Dios, y no hay otro Dios, y nada hay semejante a mí* (Is. 46:9).

Pero quizá el atributo más impresionante mostrado en las plagas es el *celo* de Dios. Los celos son pecado para nosotros porque no tenemos derechos inherentes. Para Dios el celo es justo y apropiado. El *merece toda la alabanza, honor y adoración que hay en el universo.* No tiene que trasladárselos a un ser que lo creó; ni sería correcto compartirlos con algunas de sus criaturas ya que estarían recibiendo lo que no se merecen. La idolatría viola la naturaleza misma y posición del verdadero Dios.

Moisés estaba aprendiendo que no se trataba de una competencia para ver cuál dios es más poderoso. Dios odia la idolatría y está empeñado en demostrar que los dioses falsos no pueden librar. Hasta Faraón, dios egipcio por excelencia, fue humillado mediante esta competencia pública. Fue personalmente irritado por las ranas, plagado con los piojos, y cubierto por úlceras. Al final él y sus ejércitos sucumbieron. Los dioses falsos podrán tener cierto poder y engañar a mucha gente, pero al final serán reducidos a polvo.

Con urgencia necesitamos entender el carácter celoso de Dios. Por ejemplo, el sexo es un dios prominente en la actualidad. Éste promete placer, satisfacción y significado. Algunos libros, revistas y películas están comprometidos con la idea de que el sexo fuera de la relación matrimonial, entre un hombre y una mujer, no sólo es permisible, sino deseable. Nos hemos inclinado ciegamente ante el dios de la sensualidad.

¿El resultado? Dios está afligido porque no cuenta con la exclusividad de nuestros corazones. *No améis al mundo, ni las cosas que están en el mundo. Si alguno ama al mundo, el amor del Padre no está en él* (1 Jn. 2:15). Dios exige de su pueblo la rendición del corazón, con exclusividad y perseverancia. Él espera una devoción especial debido a que se la merece.

El dinero es otro ídolo que promete demasiado. Mi esposa y yo conocimos a la propietaria de un equipo de hockey, que se decía valía unos 50 millones de dólares. Nos sentamos al lado de ella durante un partido, y pudimos observar su rostro fruncido, ansioso y triste. Más o menos un año después murió de cáncer. El dinero no pudo salvarla. Una vez más este dios fue derrotado, y obligado a admitir que al final de cuentas, era vacío.

A una mujer cuyo esposo construyó un imperio con base en la pornografía, se le preguntó cómo se sentía acerca de la preocupación obsesiva de su esposo por otras mujeres. Ella respondió: "¿Cómo puedo criticar algo que me ha traído tanto dinero?". Su dios le hacía exigencias increíbles que aparentemente estaba dispuesta a pagar. Pero el resultado final será desilusión y juicio.

Otro dios es el poder. Faraón fue ese controlador consumado, quien endureció su corazón, y permaneció lleno de venganza hasta el final. Tres veces le pidió a Moisés que orara por él. A veces desesperado, recitaba la oración de una persona arrepentida. Pero su corazón nunca cambió porque no llegó al punto del sometimiento; *se inclinó, pero nunca se* quebrantó.

En efecto, Faraón aparentó una serie de conversiones como si estuviera en su lecho de muerte. Pedía ayuda porque estaba en problemas, pero no porque se viera como un pecador que necesita la misericordia de Dios. Finalmente permitió que el pueblo saliera porque tuvo que hacerlo.

Su cambio de parecer no era el de una persona cuyo corazón ha sido transformado por Dios. Después de que los israelitas salieron él los siguió con la esperanza de tenerlos bajo su control otra vez. Como veremos, la recompensa a sus tercos esfuerzos fue el Mar Rojo.

El hombre que gobierna su familia con mano de hierro también está obsesionado con el poder. Lo mismo sucede con el hombre de negocios que gana con la intimidación, o el miembro de iglesia que siempre quiere que las cosas funcionen a su manera. Cualquier cosa que impida el completo sometimiento a Dios es un ídolo que debe derribarse.

Faraón murió comprometido con sus dioses. Pero si un hombre no se quebranta ante Dios *voluntariamente*, en la otra vida se quebrantará *por obligación*. Dios nunca tolera la competencia por mucho tiempo. Entre más alto se eleven los dioses falsos, más lejos caerán.

Moisés estaba aprendiendo que cuando los dioses falsos han hecho lo peor, Dios hace lo mejor; téngalo por seguro.

Capítulo Cinco

Redimidos a un alto costo

(Lea Éxodo 12)

La libertad que se produce como resultado de alejarse de las cargas del pasado, es incomparable. Entre más doloroso haya sido el pasado, es mayor la alegría que se siente cuando ha quedado atrás. Si Dios no tuviera la respuesta para nuestro pasado, no podríamos tener confianza en el futuro.

Tenemos el privilegio de volver a vivir la historia sobre cómo Dios liberó a los israelitas, quienes por generaciones habían sido esclavos, para iniciar el trayecto hacia la tierra prometida. Este acontecimiento fue tan crítico que Dios cambió el calendario, haciendo del 14 de Nisan (abril) el comienzo del año para Israel, y lo celebrarían como nunca antes. Sin duda este sería un nuevo comienzo.

La décima plaga era diferente. Fue la más dura, pues alcanzó a los primogénitos de toda familia que no estaba preparada para cuando llegara el ángel de la muerte. También, se convertiría en el fundamento de la Pascua, el rito antiguo que aún hoy celebran los judíos. Finalmente, es el cuadro más claro sobre la redención, en todo el

Antiguo Testamento. La liberación de Egipto es una figura de nuestra liberación del pecado, y de Satanás.

Muchos de nosotros jamás hemos visto personalmente al presidente de nuestro país, pero si lo hiciéramos, de inmediato lo reconoceríamos gracias a que hemos visto fotos de él. Así, quienes entendían el significado de la Pascua fueron capaces de reconocer a Cristo durante su primera venida. En este antiguo ritual vemos al Redentor.

En cuanto a Moisés, su confianza en Dios iba en aumento. Las primeras nueve plagas lo habían convencido de que con el tiempo su causa triunfaría. Comenzaba a entender que el Creador es el Dios del juicio; había visto que Dios es *celoso,* cuando humilló a los dioses paganos. Ahora necesitaba ver la *redención* de Dios. Necesitaba ver su misericordia, liberación y fidelidad.

Nadie puede decir que conoce a Dios a menos que entienda la redención, porque la salvación muestra a Dios en su carácter más admirable (por lo menos desde nuestra perspectiva). A través de esta puerta entramos a sus sagradas moradas, y tenemos una idea de sus propósitos.

No sabemos cómo Dios le comunicó a Moisés sus instrucciones sobre la Pascua. Para entonces reconocía fácilmente la voz de Dios por medio de impresiones precisas, o por una voz real. El corazón de Dios estaba abierto para que todos lo vieran. Estos son los pasos que dieron los israelitas durante la planeación de esta memorable celebración.

La búsqueda del Cordero Perfecto

El Señor le dijo a Moisés: *Hablad a toda la congregación de Israel, diciendo: En el diez de este mes tómese cada uno un cordero según las familias de los padres, un cordero por familia* (Ex. 12:3). Si el cordero era muy grande para una familia, varias familias debían celebrar juntas para que nada sobrara.

No podía ser un cordero cualquiera; tenía que ser perfecto. *El animal será sin defecto, macho de un año; lo tomaréis de las ovejas o de las cabras* (Ex. 12:5). Los requisitos para los corderos pascuales son detallados en Levítico 22:22-24: No podía ser ciego, tener la nariz defectuosa, una pezuña quebrada, o algún hueso roto; no podía tener úlceras ni costras o cicatrices en su piel, la cual tenía que ser lanuda y blanca.

¿Por qué estas normas? Porque la *perfección externa del cordero era una figura de la perfección interna de nuestro Salvador.* Pablo escribió que Cristo *...no conoció pecado...* (2 Co. 5:21). Y el autor de Hebreos dice: *...Porque no tenemos un sumo sacerdote que no pueda compadecerse de nuestras debilidades, sino uno que fue tentado en todo según nuestra semejanza, pero sin pecado* (He. 4:15). Pedro dijo que Cristo fue *un cordero sin mancha y sin contaminación...* Cuando Cristo fue concebido, el ángel Gabriel se refirió a Él como "el Santo Ser" (Lc. 1:35). Sólo un Salvador que pudiera triunfar sobre el pecado, podía levantarnos de nuestro propio estado pecaminoso.

La perfección del cordero tenía que ser comprobada durante un período de tiempo. *Y lo guardaréis hasta el día catorce de este mes...* (Ex. 12:6). Como era escogido en el día décimo, tenía que ser observado durante cuatro días antes de ser inmolado.

Durante 30 años Cristo fue observado por su familia y amigos, y durante 3 años por las multitudes. Hasta sus enemigos tuvieron que admitir que Él era sin mancha.

Pilato dijo: *...Ningún delito hallo en este hombre*, y más tarde Judas confesó: *...Yo he pecado entregando sangre inocente.* Aún los demonios decían: *... ¿é quién eres, el Santo de Dios.* A fin de poderlo acusar, condenar, y luego enviar a la muerte, los enemigos de Cristo tuvieron que contratar falsos testigos. Dios el Padre aprobó la perfección de Cristo cuando dijo: *...Este es mi Hijo amado, en quien tengo complacencia* (Mt. 3:17).

Cristo poseía un nivel de santidad que no podía verse con el ojo humano. No sólo era sin pecado, sino que tenía la cualidad positiva de la rectitud que sólo le pertenece a Dios. Como Hijo de Dios era tan perfecto y justo como su Padre. Esto explica por qué necesitamos esa misma rectitud para ser aceptados por Dios. El permitirle que controle nuestras vidas nos convierte en *...Justicia de Dios en él* (2 Co. 5:21). Pasamos a estar tan cubiertos con su justicia que Dios no puede ver ninguna falta en nosotros.

David Koresh, quien condujo a la muerte a 85 de sus seguidores en Waco, Texas, afirmó ser el mesías, pero admitió que era un mesías pecaminoso. Sin embargo, un mesías pecaminoso es un mesías inútil.

Dios sólo acepta un mesías sin pecado, y de éstos sólo Cristo es único. Mientras los israelitas buscaban un cordero perfecto, aprendían los caminos de Dios. Moisés, intrigado, se acercaba cada vez más al corazón de Dios.

El sacrificio del Cordero

En cuanto al cordero de la Pascua leemos: *...lo inmolará toda la congregación del pueblo de Israel entre las dos tardes* (Ex. 12:6). El cordero elegido era degollado con un cuchillo, y la sangre tibia que vertía de la herida, recogida en un recipiente. Ni el cordero de la pascua ni Cristo murieron accidentalmente, o por causas naturales. Ambos fueron escogidos con el único propósito de ser sacrificados.

Aunque una persona sacrificaba el cordero, toda la congregación daba su aprobación. Después de exclamar: ¡Crucifícale, crucifícale! los líderes religiosos afirmaron que ellos y sus hijos, estaban dispuestos a cargar con la sangre de Cristo. Pedro, el Día de Pentecostés, acusó a toda la nación de haber crucificado a Cristo. *...Sepa, pues, ciertísimamente toda la casa de Israel, que a este Jesús a quien vosotros crucificasteis, Dios le ha hecho Señor y Cristo* (Hch. 2:36). Toda la congregación dio muerte al Cordero pascual, y también a Cristo.

¿En qué momento era degollado el cordero? En hebreo dice literalmente: "Entre las tardes" que de acuerdo con la tradición judía era entre las 3 y las 6 de la tarde. Este fue el tiempo preciso durante el cual crucificaron a Cristo. Sabemos que Él murió el día en el cual eran sacrificados los corderos pascuales (Jn. 18:28). También sabemos que Él murió entre las 3 y las 6 de la tarde. *...Cerca de la hora novena* (3 de la tarde), *Jesús clamó a gran voz, diciendo: Elí, Elí, ¿lama sabactani? Esto es: Dios mío, Dios mío, ¿por qué me has desamparado?* (Mt. 27:46). Tiempo después de esto Él clamó a gran voz y: *...entregó el espíritu* (Jn. 18:50). Así que Cristo murió en la tarde, mientras los corderos eran sacrificados por toda Jerusalén.

Otra similitud: Durante el sacrificio, ni al cordero pascual ni a Cristo le quebraron los huesos. Cristo murió antes de lo que se esperaba, y cuando los soldados fueron para quebrar sus piernas, no lo hicieron aunque esto iba en contra del método romano de crucifixión (Jn. 19:31-37).

Entonces, tanto el cordero pascual como Cristo, fueron llevados a la muerte aunque eran perfectos. Ambos murieron el mismo día del año y a la misma hora, y a ninguno de ellos les fueron quebrados los huesos.

Estudiar la Pascua es mirar en un espejo los magníficos detalles de la obra de Cristo por nosotros. Posiblemente los israelitas no lo entendieron completamente, pero sabían que eran pecadores y que Dios estaba proveyendo una protección de su ira.

La sangre a la entrada de las casas

Y tomarán la sangre, y la pondrán en los dos postes y en el dintel de las casas en que lo han de comer (Ex. 12:7).

La razón era muy clara:

Pues yo pasaré aquella noche por la tierra de Egipto,
y heriré a todo primogénito en la tierra de Egipto, así
de los hombres como de las bestias; y ejecutaré mis
juicios en todos los dioses de Egipto. Yo Jehová. Y la
sangre os será por señal en las casas donde vosotros
estéis; y veré la sangre y pasaré de vosotros, y no
habrá en vosotros plaga de mortandad cuando hiera
la tierra de Egipto (Ex. 12:13).

La aplicación de la sangre sería una señal inequívoca
de la diferencia entre Israel y Egipto. Esta distinción no
podía darse por sentada, puesto que los israelitas corre-
rían la misma suerte de los egipcios, si no obedecían lo que
Moisés había ordenado.

La sangre debía ser rociada arriba de la puerta, y en
los postes a los lados. ¿Por qué en estos tres lugares? Quizá
simbolizaba la cruz de Cristo: El dintel representaba la
extremidad vertical de la cruz; los postes, la extremidad
horizontal. Pero no había un precedente para ello; tampoco
una razón científica por la cual las casas con sangre en sus
puertas estuvieran a salvo. La fe de Moisés encendió la de
2 millones de personas que siguieron su indicación.

Únicamente la sangre en la puerta los salvaría. Una
puerta cerrada no impediría que el ángel de la muerte
ingresara. Alegar ignorancia, u otra excusa razonable, no
los salvaría. Sólo la sangre sería reconocida como protección. Quienes aplicaban la sangre no tenían que defenderse, porque la sangre hablaba por ellos.

Moisés estaba aprendiendo que cuando Dios redime
lo hace con justicia. Los primogénitos de Israel no fueron
redimidos por sus méritos personales. Quienes tenían
sangre en su puerta no fueron parcialmente salvos y parcialmente condenados. De hecho, no era la estima del valor
de la sangre lo que contaba. *Todo lo que importaba era el*
valor que Dios le daba.

Podemos imaginar a un primogénito confuso preguntando: "¿Papi, estás seguro de que me libraré?" Quizá el padre

lo llevaba afuera, y señalando la sangre le decía: "Te librarás".

Quizá el primogénito era un gran pecador. Y aunque es mucho mejor ser un pequeño pecador (desde el punto de vista humano), y no un gran pecador, esa noche no importaban tales diferencias. Sin duda algunos de los primogénitos israelitas eran más pecadores que los de Egipto. El ángel del Señor no hizo tales distinciones, sólo reconocía la sangre en la puerta. De igual manera, en la actualidad Dios tiene en cuenta la sangre; sin ella ningún pequeño pecador se puede salvar; y con ella, ningún gran pecador se pierde.

Quizá cuando el primogénito israelita estaba emocionalmente perturbado, lleno de indecisión y duda, un escéptico tocaba a la puerta burlándose, recordándole los errores del pasado, y mostrándole que era tan pecador como un primogénito egipcio. ¿Cómo podría el joven, o su padre, responder a tales acusaciones? No necesitaba defenderse; sencillamente admitía su pecado, y luego señalaba la sangre en la puerta.

Quizá algunas familias muy sensibles pensaban que la sangre fresca era repugnante, así que preferirían una forma práctica de religión: Oraciones, generosidad, y buenas obras. Esta lista pudo haber sido puesta en la puerta para recordarle al ángel de la muerte que eran demasiado buenos para ser juzgados. Sin embargo, los primogénitos habrían muerto. No se aceptaban substitutos para la sangre.

Otra familia pudo haber sostenido que ellos debían ser pasados por alto porque admiraban al cordero. Pero a pesar de haber tenido el animal en el patio de su casa, demostrando la devoción que le profesaban, habrían muerto. Hoy millones de personas admiran a Cristo, pero no son salvas. Considerar a Cristo como un gran maestro, un ejemplo de amor, no los salvará del juicio de Dios. El Señor había hablado, y todo lo que importaba era la sangre en la puerta.

Esa noche un fuerte llanto se extendió por toda la tierra, a medida que los egipcios compartían su dolor. Tal como Moisés lo había predicho, las familias que no tenían la sangre en sus puertas lloraban la muerte de sus primogénitos. La nación estaba unida en su dolor. *Y se levantó aquella noche Faraón, él y todos sus siervos, y todos los egipcios; y hubo un gran clamor en Egipto, porque no había casa donde no hubiese un muerto* (Ex. 12:30).

Quizá no entendamos la razón por la cual la sangre es importante para Dios, pero lo es. La sangre no sólo es necesaria cuando inicialmente creemos en Cristo, también es la base para la comunión continua: *...Pero si andamos en luz, como él está en luz, tenemos comunión unos con otros, y la sangre de Jesucristo su Hijo nos limpia de todo pecado* (1 Jn. 1:7). Más adelante ampliaremos este tema.

La celebración consumiendo el Cordero

Después de que la sangre fuera rociada, los israelitas debían asar el cordero y comerlo esa misma noche (Ex. 12:8). Mientras los primogénitos de los egipcios *morían*, ellos *comían*. Piense en el contraste: Mientras los egipcios se preparaban para los *funerales*; los israelitas se preparaban para las *fiestas*. Egipto estaba experimentando *juicio*; Israel *regocijo*.

¿Por qué se debían comer el cordero cuya sangre los había salvado? El cordero era el plato principal de sus comidas; éste compensaba su apetito físico. El cordero salvador también satisface.

Cristo, quien murió por nosotros, es el mismo Cordero que disfrutamos espiritualmente. Nuestro Señor dijo que Él es el pan del cielo, y que el pan que nos da a comer es su carne. Cuando los judíos pusieron en entredicho esta afirmación, Cristo contestó:

...De cierto, de cierto os digo: Si no coméis la carne del Hijo del Hombre, y bebéis su sangre, no tenéis

vida en vosotros. El que come mi carne y bebe mi
sangre, tiene vida eterna; y yo le resucitaré en el día
postrero. Porque mi carne es verdadera comida, y mi
sangre es verdadera bebida. El que come mi carne
y bebe mi sangre, en mí permanece, y yo en él (Jn.
6:53-56).

Algunos teólogos tienden a interpretar literalmente
estas palabras. Existen varias teorías en cuanto a la forma
como los elementos de la Santa Cena se convierten literalmente en el cuerpo y la sangre de Cristo. Pero Él hablaba
en un sentido figurado porque, (1), el canibalismo es
inconsistente con la enseñanza bíblica, (2), el Antiguo
Testamento prohíbe tomar sangre, y (3), Cristo mismo
explicó que: *El Espíritu es el que da vida; la carne para*
nada aprovecha; las palabras que yo os he hablado son
espíritu y son vida (Jn. 6:63).

Lo que quiere decir Cristo es que debemos disfrutarlo,
es decir, mantener nuestras almas satisfechas con su alimento. Somos salvos por la fe en su sangre, pero crecemos
por medio de la comunión con Él. Glorificamos más a Dios
cuando nos sentimos satisfechos con Él.

Junto con el cordero la gente comió hierbas amargas,
las cuales simbolizaban su esclavitud en Egipto, y pan sin
levadura, el cual les recordaba que habían tenido que dejar
la tierra tan rápido que no tuvieron tiempo de que su pan
se leudara.

La levadura es un símbolo del mal porque (1), el
poder que tiene es mayor a su tamaño. Pablo preguntó:
...¿No sabéis que un poco de levadura leuda toda la
masa? (1 Co. 5:6). Hasta un pequeño pecado puede afectar
toda nuestra vida; puede ser el motivo por el cual nos
descarriemos, y también muchos otros. Y (2), la levadura
también se esparce en secreto por toda la masa sin que
siquiera la podamos ver actuar. Pablo reprendió a los
creyentes de Corinto porque no se limpiaron de la vieja
levadura, cuando hizo referencia a un hombre inmoral a

quien ·se le permitió seguir en la iglesia: *Limpiaos, pues, de la vieja levadura, para que seáis nueva masa, sin levadura como sois; porque nuestra pascua, que es Cristo, ya fue sacrificada por nosotros* (2 Co. 5:7).

Aún hoy, durante la fiesta de los panes sin levadura, los judíos ortodoxos van de casa en casa buscando la levadura, en una especie de ceremonia, la cual les recuerda que sus vidas personales deben estar libres de la corrupción del pecado. El pan sin levadura es una metáfora de la limpieza espiritual.

Mientras tanto, la muerte en Egipto era inmediata. *...Y aconteció que a la medianoche Jehová hirió a todo primogénito en la tierra de Egipto, desde el primogénito de Faraón que se sentaba sobre su trono hasta el primogénito del cautivo que estaba en la cárcel, y todo primogénito de los animales* (Ex. 12:29). Hasta el primogénito de Faraón, quien heredaría el trono, murió.

Faraón llamó a Moisés y le urgió a que se fuera, añadiendo una solicitud: *...bendecidme también a mí* (Ex. 12:32). Previamente los israelitas le habían pedido a los egipcios artículos de oro, plata y ropa, y ellos se los habían entregado. Sencillamente este era un pago justo dado que los israelitas habían trabajado duro por muchas generaciones sin ninguna recompensa. Ellos *...despojaron a los egipcios* (Ex. 12:36), y comenzaron su largo viaje el mismo día que Dios había dicho.

Caminando en la libertad que ofrece el Cordero

Esa noche, aproximadamente 2 millones de personas salieron (eran 600.000 hombres). Tenían pocas provisiones para el viaje, y si habían preparado algo de pan, ¿cuánto les duraría? ¿Qué harían cuando sus escasas provisiones se agotaran? ¿Y qué en cuanto al agua, y la ropa?

Era poco lo que podían hacer preparándose para esta nueva forma de vida. Entrarían al desierto, obligados a confiar únicamente en Dios para todo. No tenían ninguna opción, sino la de andar por fe.

Recuerde su conversión. Nada podía hacer como preparación para ese nuevo caminar con Dios. A menudo los nuevos creyentes sienten temor de dejar sus trabajos, sus antiguas amistades y caminar confiando en Dios en cuanto a su futuro. Pero deben confiar en Él.

Los israelitas no tenían mapa, e ignoraban que Dios había preparado una nube que los guiaría de día, y una columna de fuego que los guiaría de noche. No podían ver las bendiciones que les esperaba; pero por fortuna tampoco las pruebas. No tenemos que saber hacia dónde vamos, sino creer que Dios está guiándonos. Como controlamos tan pocos acontecimientos en la vida, es obvio que nuestro futuro esté en las manos de otro, y sólo tiene sentido confiar en Dios, pues el mañana no es una sorpresa para Él.

Somos llamados a ser peregrinos, no turistas. No tenemos el tiempo ni la inclinación a caminar por ahí disfrutando el viaje. El peregrino tiene un enfoque; su destino.

Dios le exigió a Moisés después de que la nación saliera de Egipto, que los primogénitos, quienes habían sido redimidos por la sangre, fueran consagrados a Él. *Conságrame todo primogénito. Cualquiera que abre matriz entre los hijos de Israel, así de los hombres como de los animales, mío es* (Ex. 13:2). Habían sido redimidos a un alto costo, y ahora serían dedicados a Dios.

Actualmente todos los creyentes somos primogénitos. *Pues no habéis recibido el espíritu de esclavitud para estar otra vez en temor, sino que habéis recibido el espíritu de adopción, por el cual clamamos: ¡Abba, Padre!* (Ro. 8:15). Cuando Cristo murió fue abandonado por Dios; estaba llevando nuestras culpas. Deberíamos disponernos para consagrarnos a Él.

¿Cómo pasamos a ser hijos de Dios? Aplicando la sangre de Cristo por fe. Depositamos nuestra confianza en

Él, aceptando su sacrificio por nosotros. El asunto no es si nuestros pecados son grandes o pequeños, sino si estamos protegidos por la sangre de Cristo.

Y tan pronto somos salvos, ¿cómo manejamos las acusaciones del diablo? ¿Qué hacemos con aquellos pecados que han sido confesados, pero que aún plagan la mente y la conciencia? Incrementar el tiempo de la oración no eliminará la culpa, ni lo harán los sacrificios espirituales, o las buenas obras. El Señor no dice: "...Y veré las buenas obras y pasaré de vosotros" (Ex. 12:13).

En el mercado de Rotterdam, Holanda, había una vivienda conocida como "La Casa de los Mil Terrores". Durante el siglo XVI, los holandeses se sublevaron contra el gobierno del rey Felipe II de España. Para suprimir la rebelión, el cruel rey envió un ejército instruido para que fuera de casa en casa asesinando las familias que se encontraran dentro. En esta casa, cerca del mercado, una familia temerosa se refugió de la muerte que con seguridad les sobrevendría. Entonces el padre tuvo una idea: Mataría un cordero y rociaría la sangre junto a la puerta, de tal forma que las gotas rodaran por las escaleras. Cuando los soldados abrieron la puerta y observaron la sangre, presumieron que esa familia ya había sido asesinada, así que siguieron su camino. De esta forma la familia pudo escapar.

Sólo podemos escapar del juicio de Dios mediante la sangre de su Hijo. Claro que no podemos aplicar literalmente su sangre en nuestros corazones, pero sí recibir los beneficios de su sacrificio por medio de la fe. Esa sangre, una vez aplicada, es el medio permanente de acceso a la presencia de Dios en esta vida, y al cielo, en la próxima. Cuando seamos invadidos por la culpa descansemos en el hecho de que la sangre de Cristo es suficiente para Dios. Gracias a ella, podemos estar tan cerca de Dios como lo está su Hijo amado.

Así que, hermanos, teniendo libertad para entrar en el Lugar Santísimo por la sangre de Jesucristo,

*por el camino nuevo y vivo que él nos abrió a través
del velo, esto es, de su carne, y teniendo un gran
sacerdote sobre la casa de Dios, acerquémonos con
corazón sincero, en plena certidumbre de fe, purificados los corazones de mala conciencia, y lavados
los cuerpos con agua pura. Mantengamos firme, sin
fluctuar, la profesión de nuestra esperanza, porque
fiel es el que prometió* (He. 10:19-23).

En París hay un cuadro famoso de Zwiller, denominado: "Primera Noche fuera del Paraíso". Muestra a Adán y
Eva cuando eran conducidos fuera del huerto del Edén, y
planeaban pasar su primera noche en el desierto. A la
distancia se veía la figura del querubín que cuidaba la
entrada al huerto, pero Adán y Eva tenían sus ojos puestos
en otro sitio: Contemplaban una borrosa, pero inconfun-
dible cruz, más allá del horizonte.

La cruz es el único medio por el cual podemos regresar
al paraíso. Moisés no sabía que pronto Dios pediría muchos sacrificios antes de que apareciera el sacrificio único.
Su mirada hacia la cruz era en perspectiva; la nuestra es
retrospectiva. Pero ya era claro que el perdón tiene un costo
muy alto.

Moisés y los israelitas estaban alegres porque Dios los
llevaba fuera de Egipto, pero no tenían ni idea de lo que les
esperaba. El siguiente sería un día dramático y asombroso. Egipto venía tras ellos, y el Mar Rojo estaba en frente;
sólo Dios podía salvarlos.

Pero por un momento pareció como si Él no lo fuera
a hacer.

Capítulo Seis

Huyendo del asedio

(Lea Éxodo 14)

"¡Hacemos lo difícil inmediatamente; lo imposible demora un poco más!" Quizá ha visto este aviso en una tienda, taller o imprenta. Sí, lo imposible toma un poco más de tiempo; !muchísimo más tiempo!

Moisés aprendía una lección importante: *Si estaba dispuesto a hacer lo posible, Dios haría lo imposible.* Dios nunca espera que hagamos lo que sólo Él puede hacer; espera que hagamos únicamente lo que podemos.

Cristo nunca habría esperado que sus discípulos resucitaran a Lázaro; pero cuando salió de la cueva tambaleándose les pidió que lo desataran, y le quitaran el sudario y las vendas. Nunca habría esperado que los discípulos multiplicaran cinco panes y dos peces; pero aceptó el almuerzo de un niño, y le pidió a los discípulos que le sirvieran a la gente una vez que el milagro se estaba realizando.

En Egipto, varios meses de terribles plagas habían hecho de las suyas. Y cuando el primogénito de toda familia murió, finalmente Faraón dio su bendición para la partida de los israelitas. Y esta vez decía la verdad.

¿O no?

Después de que los israelitas habían viajado durante unos días en dirección suroriental y acampado en Etam, Dios les pidió que volvieran y acamparan delante de Pi-ha-hirot, entre Migdol y el mar. Este cambio de dirección haría que Faraón concluyera que los israelitas estaban confundidos. Cuando le informaron, dedujo que estaban extraviados, y atrapados en el desierto.

Ahora que habían enterrado los primogénitos de Egipto Faraón reconsideró su decisión de dejar salir a los israelitas. Seguramente pensó en las dificultades económicas que lo afectarían una vez se marcharan los esclavos. Sentía remordimiento por la humillación de haber cedido a sus demandas. Pero no sólo él estaba cambiando de opinión, también sus siervos quienes le preguntaron: *...¿Cómo hemos hecho esto de haber dejado ir a Israel, para que no nos sirva?* (Ex. 14:5).

Mar Rojo significa literalmente, "Mar de Juncos". La ruta exacta de los israelitas es controvertida, pero posiblemente fue por lo que hoy se denomina el Lago Balah, al noroccidente de la península del Sinaí. No sabemos qué tan profundo era este lago, pero tenía suficiente agua como para que los egipcios se ahogaran.

Esto provocó un conflicto final que demostró el poder supremo de Dios. Repasemos los acontecimientos de los siguientes días, observando los papeles que Faraón, Moisés y Dios jugaron en este drama. Luego veremos lo que esta historia, relacionándola con nuestras circunstancias, puede enseñarnos.

Faraón persiguió al pueblo de Dios

Faraón rápidamente preparó a su ejército para que persiguiera a los israelitas y los recuperara. Sus mejores 600 carros fueron alistados y puestos a cargo de los más destacados oficiales. Su ejército era el mejor del mundo.

Los egipcios eran tan adelantados que usaban carros de hierro; tenían lanzas puntiagudas y una tropa de caballos.

Los israelitas, en cambio, no tenían equipo militar. Sólo pan sin levadura en sus bolsas y unos cuantos palos que usaban para reunir en manada a sus ovejas y ganado. No tenían carros ni caballos. Se sentían impotentes frente a la presencia de su notorio enemigo.

Quizá Faraón quería aterrorizar a toda la congregación asesinando algunos de los israelitas y recuperando el resto para de nuevo forzarlos a la esclavitud. Su orgullo herido no habría exigido nada menos. *Siguiéndolos, pues, los egipcios, con toda la caballería y carros de Faraón, su gente de a caballo, y todo su ejército, los alcanzaron acampados junto al mar, al lado de Pi-hahirot, delante de Baal-zefón* (Ex. 14:9).

Los israelitas se sintieron intimidados por el excesivo uso de la fuerza. Se sintieron traicionados cuando, mirando hacia atrás, veían cómo la nube de polvo se levantaba a medida que Faraón se acercaba. Clamaron al Señor, pero no confiaban en que Él les pudiera ayudar. Luego se dirigieron a Moisés y le dijeron en tono sarcástico: *...¿No había sepulcros en Egipto, que nos has sacado para que muramos en el desierto? ¿Por qué has hecho así con nosotros, que nos has sacado de Egipto? ¿No es esto lo que te hablamos en Egipto, diciendo: Déjanos servir a los egipcios? Porque mejor nos fuera servir a los egipcios, que morir nosotros en el desierto* (Ex. 14:11-12).

El miedo distorsionaba sus recuerdos. La vida en Egipto no había sido fácil; de hecho, la esclavitud era cruel y degradante. Frente a esta crisis, evocaron el pasado como querían que fuera. Nunca antes habían enfrentado una situación tan abrumadora, y no había nada que pudieran hacer al respecto. En Egipto no habían vivido algo así.

Todos hemos conocido cristianos que se sobresaltan cuando aprenden esta lección: Pertenecer a Dios no nos excluye de los sufrimientos de la vida. De hecho, he conocido personas que han tenido más dificultades desde que son salvas que antes de la conversión. La razón es obvia: *Servir a Faraón a veces es más fácil que tratar de huir de él.*

Con frecuencia los nuevos cristianos admiten que están enfrentando toda una serie de batallas que no habían conocido antes. Algo maravilloso les ha sucedido y al enemigo no le gusta. Esto es especialmente cierto en quienes han sido atrapados por religiones falsas, o fueron particularmente útiles a la causa de Satanás. Sin importar lo terrible que sea el grado de esclavitud, el temor, cuando se trata de conseguir la libertad, es más aterrador. Faraón nunca deja que sus siervos se vayan sin luchar. Se puede ser una víctima en Egipto, pero hasta eso parece mejor que tratar de ser un hombre libre en Canaán.

Cuando servimos a Satanás, estamos exentos de algunos conflictos porque nos encontramos confabulados con él. Si se es un esclavo obediente, que hace lo que los deseos del amo dictan, la batalla parece ser manejable. Pero cuando se toma tiempo para reflexionar, la persona se da cuenta de que servir a Satanás lo pone en desventaja, porque él exige más y más al tiempo que se reduce el pago; usted siempre está incrementando el número de concesiones hasta que como víctima queda sujeto a su cruel control. Pero aún así, él sólo se satisface temporalmente. A pesar de lo mala que sea la situación, puede empeorar cuando uno trata de hacer un movimiento para liberarse. Cuando nos apartamos un poco de su control él se enfurece.

El polvo de los carros de Faraón eclipsó la visión que los israelitas tenían de Dios. Esa nube de polvo parecía más grande que la nube de gloria que acompañaba a la nación. Esta situación hizo necesaria la extraordinaria intervención de Dios.

Moisés creyó en las promesas de Dios

¡Pobre Moisés! ¿Cómo le hubiera parecido tener a dos millones de personas airadas, y en contra suya? Dos millones de dedos señalando en la misma dirección. Moisés estaba asediado, pero esta era una maravillosa oportunidad para mostrar carácter, gracia y fe. Un lugar de donde sólo Dios podía rescatarlo.

Cuando nos encontramos entre la espada y la pared, nuestro corazón queda expuesto. Nuestra mayor tentación es hallar una salida, la que nos parece más fácil para alejarnos del dilema. A menudo tal salida es creada por Satanás, quien desea que pequemos, y no que confiemos en Dios. El Faraón de nuestras almas ofrece una salida en la cual está escondida una trampa mortal.

¿Qué opciones tenemos cuando nos encontramos acorralados? Existen muchas atractivas vías de escape pero mortales. Quizá creamos que podemos situar nuestro camino fuera de la dificultad. Hacer trampa en un examen, falsificar una solicitud, o una hoja de vida, son medios posibles para escapar.

Una pareja que conozco optó por convivir antes de casarse a fin de ahorrar dinero, ya que un apartamento es más económico que dos. Esa fue su reacción ante las dificultades económicas. El aborto es un medio común para escapar de una situación moral grave.

Aun el adulterio puede ser considerado como una vía de escape ante un dilema difícil. Un periódico de Chicago publicó la historia de una pareja que pidió prestados $150.000 dólares para una empresa que no dio resultado. El hombre a quien le debían el dinero comenzó a chantajearlos debido a que estaba enterado de una información perjudicial relacionada con la empresa de la pareja. Entonces el acreedor les propuso un trato: Si él podía pasar un fin de semana con la esposa de aquel hombre, la enorme deuda sería cancelada.

Aunque les aterró la idea, con el tiempo cedieron. "Sólo le daré mi cuerpo, no mi corazón", pensó la mujer, lo cual era imposible, claro está. Después de pasar el fin de semana con el hombre, su matrimonio quedó tan destruido que con el tiempo la pareja se divorció.

Si el hecho de estar acorralado revela nuestro carácter, Moisés pasó el examen con una nota perfecta. Es verdad que tenía pocas opciones, pero se acordó de orar, en lugar de entrar en pánico. Recordó lo que había aprendido durante los primeros conflictos con Faraón: *Las situaciones que están fuera de nuestro control permanecen firmes bajo el control de Dios.*

Moisés y su pueblo estaban atrapados. Tenían el Mar Rojo frente a ellos, las montañas a su alrededor, y el ejército más fuerte del mundo detrás de ellos. Si su reacción hubiera sido como la de cualquier hombre, Moisés habría preparado una excusa para Faraón prometiéndole que él y los israelitas serían sus esclavos para siempre, sólo si les tenía clemencia. También pudo haber renunciado a sus responsabilidades, debido a la depresión.

Pero reaccionó, no mirando el mar al frente, preguntándose si él y el pueblo podrían pasar nadando, o hacia atrás a la inmensa nube de polvo que se acercaba paulatinamente, sino hacia arriba, hacia Dios. No importa cuán altos sean los muros, o lo profundo del abismo, siempre podemos mirar hacia arriba, hacia quien todo lo sabe, y puede controlar el resultado.

Sin duda Moisés recordó las promesas del pasado. Los israelitas, Dios le había dicho a Abraham, estarían en la tierra de Egipto 400 años, y luego serían llevados a la tierra de Canaán. El tiempo había llegado: Dios debía preservar a su pueblo porque su reputación estaba en juego.

A Moisés también le animaban las promesas que Dios le estaba haciendo. Escuchó su voz diciéndole: *...¿Por qué clamas a mí? Dí a los hijos de Israel que marchen. Y tú* *alza tu vara, y extiende tu mano sobre el mar, y divídelo, y entren los hijos de Israel por en medio del mar, en seco* (Ex. 14:15-16). Dios tenía un plan que a Moisés nunca se le había ocurrido.

Varias promesas eran claras. En primer lugar, los egipcios serían destruidos ese día. Los israelitas nunca más enfrentarían a Faraón; nunca más verían el rostro enojado de la guardia, ni sentirían el dolor del látigo mientras hacían ladrillos bajo el sol ardiente.

En segundo lugar, Dios sería glorificado por medio de este acontecimiento: *Y sabrán los egipcios que yo soy Jehová, cuando me glorifique en Faraón, en sus carros y en su gente de a caballo* (Ex. 14:18).

Dios quiso que su pueblo tuviera un buen descanso antes de que marchara por el mar. Luego trasladó la nube de enfrente de la nación a la parte posterior, proporcionando un escudo entre ellos y los egipcios, y el ángel del Señor pasó de guía a guardián (Ex. 14:19). Cuando la situación parecía imposible, Dios estaba presente.

¿Qué debía hacer el pueblo por obediencia a Dios? Por ahora tenían que permanecer quietos. Debían prepararse para ver la obra de Dios como nunca antes. *Y Moisés dijo a su pueblo: No temáis; estad firmes, y ved la salvación que Jehová hará hoy con vosotros; porque los egipcios que hoy habéis visto, nunca más para siempre los veréis. Jehová peleará por vosotros, y vosotros estaréis tranquilos* (Ex. 14:13-14).

No era el momento de correr, o de luchar, y debían estar en silencio. No era el momento de clamar aterrorizados o de gritar pidiéndole ayuda a sus amigos. Era el momento de Dios, no el de ellos. El los había arrinconado y era su responsabilidad encontrar la salida. La gente había hecho lo posible cuando aún en Egipto untó la sangre en sus puertas, también cuando se alistó para el largo viaje a Canaán. En la vida existen los asedios, y hay algunas dificultades inmensas durante las que no podemos hacer absolutamente nada, excepto mirar hacia arriba.

Parece que el propio Moisés clamó al Señor más de lo necesario: *Entonces Jehová dijo a Moisés: ¿Por qué clamas a mí. Dí a los hijos de Israel que marchen. Y tú alza tu vara, y extiende tu mano sobre el mar, y divídelo, y entren los hijos de Israel por en medio del mar, en seco* (Ex. 14:15-16). Hay un tiempo para orar y otro para actuar.

Moisés levantó su vara sobre el mar, la vara que había usado pastoreando el ganado en Madián, y el milagro comenzó a suceder. Un fuerte viento sopló esa noche partiendo las aguas. Una vez más *la vara común de Moisés se convirtió en la extraordinaria vara de Dios.*

En la mañana los israelitas comenzaron el trayecto por el lecho del mar. Se enfrentaron con muros de agua a su derecha y a su izquierda, pero Moisés dio la orden de ir, y ellos obedecieron. Podemos imaginar a los niños recogiendo piedras a medida que corrían por el terraplén. Los más viejos y las mujeres caminaban con cuidado e incredulidad analítica. Tenían dudas, pero ahora el plan de Dios era más claro. A la distancia podían ver la orilla donde habían estado.

Dios logró la victoria

¿Qué hizo Dios en respuesta a la fe de Moisés? Primero, *confundió* al enemigo. Los egipcios corrieron aprisa hacia el lecho del mar esperando alcanzar a los israelitas. Pero de acuerdo con el Salmo 77:16-20, Dios mandó una tormenta con rayos y truenos, y un terremoto. A medida que la lluvia empapaba el fondo seco del mar, los carros de los egipcios comenzaron a quedar fuera de control.

Dios, claro está, dirigía los acontecimientos *...y quitó las ruedas de sus carros, y los trastornó gravemente. Entonces los egipcios dijeron: Huyamos de delante de Israel, porque Jehová pelea por ellos contra los egipcios*

(Ex. 14:25). Desesperados se dieron cuenta de que esta era otra confrontación entre sus propios dioses y el Señor de Israel.

Segundo, *destruyó* al enemigo. Antes de que pudieran regresar, el mar se abalanzó sobre ellos. Los muros de agua aplastaron a los egipcios, y ni un soldado sobrevivió. Sus cuerpos y carros despedazados flotaron por la ribera. Mientras tanto, los israelitas estaban a salvo en tierra seca.

¿Por qué Dios hizo eso? *Pero él los salvó por amor de su nombre, para hacer notorio su poder. Reprendió al Mar Rojo y lo secó, y les hizo ir por el abismo como por un desierto* (Sal. 106:8-9). En aquellas turbulentas horas de confusión y angustia, finalmente los egipcios supieron que Jehová era Dios. Lástima que llegaron a esta conclusión demasiado tarde como para que les fuera de beneficio. Pero Dios recibió gloria humillando a sus dioses, y mostrando que Él no tiene rivales.

Dios también lo hizo para que los israelitas pudieran entonar un cántico. Ningún cántico tan hermoso como el de la liberación. No sólo ellos lo entonaron; pues un día en el cielo nosotros también entonaremos el cántico de Moisés y del Cordero. Dios fue glorificado por medio de sus amigos escogidos, pero también mediante la destrucción de sus enemigos.

Finalmente, Dios hizo esto para preservar su propia integridad. Sus enemigos vieron su poder y justicia; sus amigos escogidos su amor y su fidelidad. Y hasta el día de hoy todos nos maravillamos con la grandeza del plan divino.

Usted y su lugar de asedio

¿Qué significado tiene para nosotros todo esto en la actualidad? El Dios que no cambia tiende un puente entre la experiencia de Israel y la nuestra. Quizá jamás veamos la obra de Dios de una forma tan dramática como entonces, pero ahora obra con la misma seguridad y fidelidad. Hoy podemos confiar en estas promesas.

Primero, *Dios nos lleva a lugares de asedio*. He enfatizado que los israelitas estaban en este apuro por la voluntad de Dios. La nube de fuego los había llevado hasta allí. Los zigzags en el desierto eran resultado de la dirección divina.

Las dificultades de la vida no significan que estemos fuera de la voluntad de Dios. Una joven aceptó un trabajo, segura de que Dios le había dado esa oportunidad. Sin embargo, tres meses después al descubrir que esperaban que hiciera las cosas deshonestamente, se preguntaba: "¿Cómo pudo Dios guiarme hasta aquí?" Creo que ella fue guiada a aceptar esa oportunidad para ser probada, y ver si seguía plenamente al Señor.

Que su inversión haya sido un fracaso, o esté pasando por conflictos matrimoniales, no significa que Dios no esté guiando. Él a veces nos lleva por un camino lleno de baches, desviaciones y barricadas porque quiere ver lo que hay en nuestro corazón; y también mostrarnos su fidelidad. Para nosotros existen muchos lugares de asedio, pero para Él no.

¿Y qué si nos encontramos encerrados por culpa nuestra? A veces es más difícil confiar en Dios cuando estamos arrinconados por nuestra propia causa. ¿Y qué en cuanto a la joven soltera que queda embarazada, o el hombre detenido por hacer fraude con los impuestos? ¿Y qué en cuanto a la mujer que le ha estado mintiendo a su esposo sobre la aventura que tiene con su mejor amigo? Somos los culpables de esos líos. No es Dios quien nos mete en ellos, sino nuestra propia rebelión.

¡Oh, qué enredo de telaraña hilamos
cuando empeñados en engañar a los demás estamos!
Walter Scott

Desesperados, algunos recurren al alcohol, las drogas o al placer desenfrenado. Pero estas "salidas" sólo llevan a la desilusión, y complican el problema inicial. Lejos de proporcionar una vía de escape, dificultan un poco más nuestro cautiverio y nos arrinconan. Toda "salida" pecaminosa es una trampa que nos engaña.

Todos hemos conocido personas que han decidido mal en cada bifurcación del camino. Después de un tiempo, quien divaga se confunde tratando de encontrar el camino de regreso. La intención de Satanás es conseguir que la gente esté tan metida en sus falsas rutas de escape que pierda la esperanza. Habiéndose alejado tanto del camino principal, y sin mapa, no saben en qué dirección van ni dónde se encuentra la ruta correcta. Por eso se precipitan hacia adelante esperando encontrar, algún día, el camino que en realidad los lleve a alguna parte.

Segundo, cuando estemos metidos en nuestros propios líos debemos aprender otra lección: *En cada lugar de asedio Dios proporciona una vía de escape.* Sí, incluso cuando creamos nuestros propios problemas, Dios está listo a ayudarnos: *No os ha sobrevenido ninguna tentación que no sea humana; pero fiel es Dios, que no os dejará ser tentados más de lo que podéis resistir, sino que dará también juntamente con la tentación la salida, para que podáis soportar* (1 Co. 10:13).

¿Cuál es la vía divina de escape? Consiste en proporcionarnos la fortaleza para hacer lo correcto y vivir con las consecuencias. Posiblemente no seamos librados de las situaciones difíciles, pero Dios nos acompaña a través de ellas. Él no promete que estaremos a salvo del fuego, solamente que no estaremos solos cuando sintamos el calor de las llamas. Probablemente Dios no ahogará nuestro Faraón, pero frustrará sus intentos de llevarnos de nuevo a la esclavitud.

Sin importar en qué situaciones difíciles se encuentre usted, hay una decisión correcta por la que puede optar. Probablemente no sea claro cuál es la decisión, pues no siempre es fácil. Busque a Dios y un consejero de confianza que le proporcione los pasos que le ayuden a encontrar piso firme. Cuando no podemos ir, ni a la derecha ni a la izquierda, como le sucedió a Moisés, aún podemos mirar hacia arriba en busca de la sabiduría que necesitamos.

¿Cómo sabe que una decisión es correcta? A menudo es la más difícil. Puede ser cortar con una relación pecaminosa, o confesarle el pecado a su esposa o esposo, o confesar algo que ha estado ocultando por años. Comencemos entregándole a Dios nuestro problema, y busquemos su orientación a partir de allí. Nunca es demasiado tarde para hacer lo correcto.

Frecuentemente sabemos con exactitud lo que Dios quiere que hagamos, pero nos sentimos vacilantes; esta confusión es usada como una excusa para hallar la salida fácil. La vía de escape divina siempre comienza con nuestra disposición a confiar en su dirección sin importar lo que me cueste.

Si se encuentra en la ribera de su propio Mar Rojo, dese cuenta de lo siguiente: *¡Dios puede ayudarle en su propia dificultad, como también* en la que Él ha permitido. Ni siquiera nuestra desobediencia, propiamente hablando, ata las manos de Dios.

Cuando Adán y Eva pecaron, Dios estuvo listo para redimirlos. Cuando David adulteró y luego asesinó, Dios estuvo dispuesto a perdonarlo. Cuando Daniel estuvo dentro del foso de los leones, Dios estuvo a su lado. Y cuando clamamos a Él en medio de los problemas, sus oídos están atentos a nuestras oraciones. Alguien dijo: "Podemos afirmar que Jesús es todo lo que necesitamos, sólo cuando admitimos que Él es todo lo que tenemos".

Tercero, *nuestras encrucijadas deben convertirse en las encrucijadas de Dios*. Aún de espaldas contra la pared, o de manera más precisa, de espaldas hacia los egipcios y frente a las profundas aguas, sólo había una cosa que Moisés podía hacer: Creer en las promesas de Dios, así que extendió su vara sobre el mar, y le pidió. Pudo pedirle al pueblo que avanzara palmo a palmo, por lo menos hasta que tocara el agua. El sabía dónde terminaba lo posible y dónde comenzaba lo imposible.

Dios no espera que soportemos cargas imposibles. A una joven que quería ser médico, pero que no tenía las calificaciones lo suficientemente altas, y la competencia era demasiada, le dije: "Por qué no le entrega a Dios todo el asunto y le dice que está dispuesto a ser rechazado en la escuela de medicina si es su voluntad". Él contestó: "No se lo puedo dejar todo a Dios. Posiblemente Él no quiere que yo sea médico".

El tenía una comprensión confusa sobre su responsabilidad y la de Dios. Su responsabilidad era esforzarse tanto como pudiera; la de Dios decidir si él debía o no, estudiar medicina. Dios, a menudo, no nos ayuda cuando confiamos en que podemos manejar todo nosotros mismos.

¿Cuál será el Mar Rojo que enfrentará usted mañana? ¿Qué Faraón está pisándole los talones, o intentando tenderle una trampa? ¿Qué montañas ve cuando mira a la izquierda y a la derecha? Dios creó el Mar Rojo que lo mira fijamente, el Faraón que busca hacerlo caer en la trampa, y las montañas que están a la derecha y a la izquierda. Sus enemigos han surgido por la voluntad de Dios para que Él pueda mostrar su poder, y para que su nombre sea proclamado en toda la tierra.

A veces Dios nos deja parados en la ribera del Mar Rojo durante mucho tiempo, permitiendo que nos sofoquemos en el polvo del Faraón que busca destruirnos. Él nos coloca en un lugar estrecho para que no podamos dar ni un paso, pero no nos olvida. Nos libera cuando le parece oportuno.

En un lugar de la península del Sinaí, creció un árbol que después de muchos años produjo unas ramas tan fuertes que un hombre cortó una de ellas para usarla como vara de pastoreo. Moisés usó esa vara durante 40 años en el desierto hasta que Dios la revistió con una nueva importancia. Esta fue la vara que se convirtió en serpiente, la que golpeó la tierra y el polvo se transformó en piojos, pero también la que Moisés extendió sobre el mar, para abrir las aguas a fin de que su pueblo pudiera pasar, y para cerrarlas sobre sus enemigos. Esta vara jamás imaginó que algún día jugaría un papel tan importante en uno de los milagros más grandes que jamás haya ocurrido sobre el planeta tierra.

Mientras Moisés sostenía la vara en su mano, Dios lo sostenía a él en la suya. El poder no estaba en la vara ni en Moisés, sino en Dios quien los sostenía a los dos. *Toda situación que está fuera de nuestras manos, está en las manos del Señor.*

En 1895, en Inglaterra, Andrew Murray estaba sufriendo un terrible dolor de espalda, como resultado de una vieja lesión. Una mañana cuando se encontraba en su cuarto, su anfitriona le dijo que una mujer había llegado muy angustiada, preguntando si él tenía algún consejo para ella. Murray le entregó un mensaje que acababa de escribir, diciéndole: "Dele el consejo que acabo de escribir para mí", el cual decía:

"Cuando tengas problemas primero di: Él me trajo aquí. Es por su voluntad que me encuentro en este estrecho lugar, y en esa verdad descansaré. Después di: Él me mantendrá aquí en su amor, y me dará la fortaleza necesaria para comportarme como su hijo durante esta prueba. Luego di: Transformará la prueba en bendición, enseñándome las cosas que Él quiere que aprenda, y obrando en mí para producir el efecto que Él desea. Y por último di: Cuando Él quiera me librará de esta situación. Cómo y cuándo, Él lo sabe.

Por tanto di: Estoy aquí por (1), la voluntad de Dios (2), bajo su cuidado (3), siendo entrenado por Él y (4), hasta que Él quiera". Michael Green, Ed., *Illustrations for Biblical Preaching* (Ilustraciones para la Predicación Bíblica), Grand Rapids: Baker, 1989, 388.

Si no existe una situación extrema para Dios, no puede haber, estrictamente hablando, ninguna circunstancia que sea extrema para nosotros. No importa la profundidad de las aguas ni lo alto de las montañas, Dios está con nosotros en la ribera del Mar Rojo.

Entonces cantó Moisés y los hijos de Israel este cántico a Jehová, y dijeron: Cantaré yo a Jehová, porque se ha magnificado grandemente; ha echado en el mar al caballo y al jinete. Jehová es mi fortaleza y mi cántico, y ha sido mi salvación. Este es mi Dios, y lo alabaré; Dios de mi padre, y lo enalteceré. Jehová es varón de guerra; Jehová es su nombre (Ex. 15:1-3).

Capítulo Siete

Cuando nuestras aguas amargas se vuelven dulces

(Lea Éxodo 15)

La palabra *desilusión* se encuentra en el vocabulario de todos nosotros, porque hemos tenido sueños que no se han cumplido. Entre más grande sea el sueño, mayor la desilusión.

A veces *la gente nos desilusiona*. Imagínese a la mujer que descubre que su esposo tiene una aventura amorosa. Pensaba que lo conocía, y estaba convencida de que nunca la traicionaría, pero ahora sus peores temores se han hecho realidad. Descubre que esa persona amada llevaba una vida secreta. ¡Qué terrible es el engaño!

Con frecuencia los padres se desilusionan de sus hijos; un jefe se desilusiona de su nuevo gerente, y viceversa.

A menudo *nos desilusionan las circunstancias*. Cuando me inscribí en la facultad del Instituto Bíblico Moody, hace muchos años, la secretaria de nuestra sección de oficinas era una alegre joven de 20 años y ojos brillantes, quien con alegre sonrisa saludaba a todos los que pasaban por su escritorio. Debido a que tres meses más tarde se halló un tumor masivo en su abdomen, los médicos concluyeron que sólo le quedaban tres meses de vida.

Ella se arriesgó y aceptó un novedoso tratamiento para el cáncer que parecía obrar maravillas. Cuando regresó al trabajo, todos nos alegramos de que estuviera de nuevo con nosotros. Pero el cáncer reapareció y ella murió unos meses más tarde.

Imagínese lo que significa ser remontado hasta el cielo mediante una renovada fortaleza, para luego finalizar con una amarga desilusión. Muchas veces me pregunté por qué Dios dejó que la esperanza floreciera tanto, instantes antes de que fuera cruelmente estrellada contra el piso. La promesa de sanidad sólo aumentó la desilusión.

Uno espera un ascenso y alguien menos calificado lo obtiene; planea un negocio y éste se viene abajo en el último instante, o nunca imaginó que la esposa padecería la enfermedad de Alzheimer. ¡Que desilusión!

También podemos *desilusionarnos* con Dios. Una pareja oró por un hijo, y cuando la joven quedó embarazada estaban encantados. Prepararon todo el ajuar y la cuna, pero el bebé murió en el momento del parto. "Para mí Dios no vale nada", dijo el hombre furioso. "¿Por qué nos haría esto?"

Otra mujer que oró por sus hijos y no recibió la respuesta a sus oraciones, dijo: "Hace tiempo que dejé de confiar en Dios y en la oración. Ni siquiera volví a orar, porque no quiero otra desilusión".

Los israelitas experimentaron duras desilusiones (Ex. 15:22-27). Inmediatamente después del milagro del Mar Rojo, entonaron una canción de alabanza con tal euforia que tendríamos la impresión de que podían creerle a Dios en toda circunstancia. Pero el canto pasó a ser un susurro, y la música un murmullo. Las alturas del éxtasis duraron poco, porque pronto cayeron en las profundidades de la desilusión.

La difícil caminata por la arena caliente del desierto muy pronto redujo el abastecimiento de agua. Durante tres días buscaron un oasis, pero no lo encontraron. Una y otra vez los exploradores regresaron con informes negativos. Imagínese la arena caliente enegueciendo sus ojos, y el viento soplando contra ellos como un horno, mientras la preocupación aumentaba.

Justo en el instante cuando habían concluido que Dios estaba ausente y muy desinteresado en el sufrimiento que padecían, divisaron un oasis a la distancia. Los padres animaron a sus hijos: "¡Sólo un Kilometro más y llegaremos allá!" Los más jóvenes recorrían los últimos metros a gran velocidad para ser los primeros en beber. Algunos tomaron el agua con las manos; otros con recipientes.

Increíble, aunque tenían la lengua reseca, el agua estaba tan amarga que no pudieron beberla. Se nos dice que aún hoy existen oasis donde el agua es tan amarga que los viajeros cansados no pueden consumirla. Leemos: *Y llegaron a Mara, y no pudieron beber las aguas de Mara, porque eran amargas; por eso le pusieron el nombre de Mara. Entonces el pueblo murmuró contra Moisés, y dijo: ¿Qué hemos de beber?* (Ex. 15:23-24).

Después siguieron las quejas. ¿Por qué los había defraudado Moisés? ¿Por qué Dios estaba jugando con ellos? ¿Por qué los había llevado a ese oasis sabiendo que sus corazones se reanimarían, sólo para ser cruelmente desilusionados? Mejor hubiera sido no hallar un oasis, que haber encontrado uno que rebosaba, pero aguas amargas e impotables.

¿Cuál era el propósito de Dios con esto? Leemos: *...Allí les dio estatutos y ordenanzas, y allí los probó...* (Ex. 15:25). Esta era una prueba, un examen a nivel superior que revelaría la seriedad de su compromiso, que sacaría a la luz lo que había en sus corazones. ¡Malas noticias, es la hora del examen!

La desilusión revela nuestro carácter; nos permite saber quiénes somos en realidad. Ella es un espejo en el cual podemos ver verrugas, y todo lo demás. La decepción hace que crezcamos en la fe, o que nos quejemos con ira e incredulidad.

¿Quién llevó los israelitas a Mara? Dios, claro está. Ellos no forjaban su camino en el desierto. Cada paso se daba bajo la dirección de Moisés. Y ahora, justo en el centro de la voluntad de Dios, cuando seguían el mapa que Él había trazado, se encontraron con una dura prueba. Aprenderían que Dios, no sólo planea nuestros éxitos, sino también nuestros fracasos.

Porque claro está, a veces somos culpables de nuestras amargas decepciones. Aún así, Él está dispuesto a ayudarnos para que aprovechemos nuestros propios fracasos. Como hemos aprendido, aunque seamos llevados por Dios a Mara, o como resultado de nuestras propias decisiones necias, nuestro Señor está listo para ayudarnos a transformar las aguas amargas en aguas dulces.

Algún día estaremos ante nuestro propio Mara. Desearemos beber y descubriremos que no podemos hacerlo. Cansados, buscaremos algo que calme nuestra sed, pero sólo encontraremos la arena venteando en nuestros rostros. Con frecuencia la euforia del Mar Rojo viene acompañada por el sabor amargo de Mara.

¿Qué nos enseñan esas experiencias? ¿Por qué Dios le da tanta importancia a la desilusión en su programa de estudio?

La desilusión pone a prueba nuestro enfoque

Cuando sus esperanzas se estrellaron contra el piso, lo que había en los corazones de los israelitas quedó expuesto. Ante un apuro pensaron más en sus necesidades que en Dios. No los culpo, porque nosotros también habríamos pensando en el agua. El problema consistía en que su propia necesidad de agua era tan desesperante que no se enfocaban en Dios, o por lo menos no confiaban en Él en esos momentos. Llegaron a la conclusión de que los había abandonado, en lugar de pensar que quizá les tenía una refrescante sorpresa.

Se equivocaron pensando que no era necesario confiar en Dios cuando el triunfo estaba presente. Cada vez que tenemos nuestra esperanza puesta en algo, corremos el riesgo de desilusionarnos. Uno da por hecho que merece un ascenso, pero lo recibe otra persona menos calificada, o está a punto de comprar la casa con la cual ha soñado por mucho tiempo, y luego encuentra que frente a su nariz se la venden a otro.

Quizá anhela casarse, pero viene el abandono por parte de su pareja. O posiblemente después del matrimonio, se desilusiona de su cónyuge. A medida que pasan los meses y los años, aumentan las diferencias, la relación se pone más tensa, y disminuyen las esperanzas de satisfacción.

Sean los israelitas quienes sienten sed, la persona que se siente sola, o el trabajador compulsivo, siempre nos sentiremos tentados de la misma forma, es decir, a fijar nuestras esperanzas en lo que creemos es una necesidad. Como resultado, vivimos con el riesgo de tener una profunda desilusión. La posibilidad de ser desilusionados aumenta, entre más consumidos por el anhelo estén nuestros corazones.

Pero, no sólo el corazón de los israelitas estaba puesto en el agua, también sus esperanzas en Moisés. Les impresionaba su liderazgo porque estaba acompañado de una serie de milagros, razón por la cual pensaron que él podría solucionarles todas sus dificultades. Ahora se sentían decepcionados, y su admiración pasó a ser una queja. Lo acusaban, aunque no era el culpable de las circunstancias en las que estaban.

Si su felicidad depende de otra persona, cualquier persona, se expone a una desilusión. Puede ser conocer a la mujer sin la que cree le sería imposible vivir, para luego darse cuenta de que ella piensa que puede vivir muy bien sin usted. O quizá se case con el hombre de sus sueños, para luego descubrir que esos sueños se convirtieron en pesadillas.

En una lista de 10 razones por las cuales fracasan los matrimonios, las expectativas no realistas ocupan el primer lugar. La gente espera que su cónyuge haga por ellos lo que sólo Dios puede hacer, es decir, hacerlos felices. Puede pensar que estas desilusiones nunca le sobrevendrán, pero todos, como seres humanos somos débiles.

El mundo tiene sus superestrellas y nosotros también, porque olvidamos que sólo Cristo debe ser superestrella; Él es el único que merece nuestra esperanza y nuestro afecto. David, quien tuvo varias experiencias como la de Mara, escribió: *Alma mía, en Dios solamente reposa, porque de él es mi esperanza* (Sal. 62:5). Pablo enseñó: *Si, pues, habéis resucitado con Cristo, buscad las cosas de arriba, donde está Cristo sentado a la diestra de Dios. Poned la mira en las cosas de arriba, no en las de la tierra* (Col. 3:1-2). Aún el agua no debe ser más importante para nosotros que Dios.

Con la esperanza puesta en Moisés y el corazón en saciar la sed, el pueblo se arrodilló a beber; pero cuando se atragantaron, reaccionaron con ira. Las cosas no habían salido como ellos suponían.

Dios utiliza la desilusión como una forma de recordarnos que en nuestras vidas existen ídolos que debemos derribar. Asaf fue un profeta del Antiguo Testamento que sintió envidia de los perversos, pero cuando comprendió cómo es la vida desde el punto de vista divino, escribió: *¿A quién tengo yo en los cielos sino a ti? Y fuera de ti nada* *deseo en la tierra. Mi carne y mi corazón desfallecen; mas la roca de mi corazón y mi porción es Dios para siempre* (Sal. 73:25-26).

Incluso los Maras que encontramos en nuestro peregrinaje son parte de su plan. La sed nos lleva a Dios o nos enfurece contra Él. Nada revela más el verdadero estado de nuestros corazones que ser privados de alguna necesidad básica.

La desilusión pone a prueba nuestra fe

¿Qué hace con la amargura? Moisés estaba rodeado de una multitud airada que lo culpaba por su asfixiante sed. El rehusó ponerles atención, y comenzó a hablar con Dios.

Y Moisés clamó a Jehová, y Jehová le mostró un árbol; y lo echó en las aguas, y las aguas se endulzaron. Allí les dio estatutos y ordenanzas, y allí los probó; y dijo: Si oyeres atentamente la voz de Jehová tu Dios, e hicieres lo recto delante de sus ojos, y dieres oído a sus mandamientos, y guardares todos sus estatutos, ninguna enfermedad de las que envié a los egipcios te enviaré a ti; porque yo soy Jehová tu sanador (Ex. 15:25-26).

Moisés sí le creyó a Dios, aunque el pueblo no parecía creer en él. Él demostró su fe clamando al Señor. Cuando fue culpado no trató de defenderse, sino que remitió el asunto a Dios. A pesar de encontrarse acosado por una multitud airada, miró hacia arriba.

La oración es más veloz que un águila, y el resultado poderoso y más fuerte que un león. La oración nos pone en contacto con los recursos del Dios santo y compasivo. Cuando Moisés comenzó a orar, un milagro comenzó a suceder.

Dios abrió sus ojos para que viera el árbol que debía echar en el agua. Ese árbol común fue transformado en uno especial debido a la orden divina. Cuando lo echó al agua, ésta se endulzó, y el pueblo bebió hasta saciarse. Esta vez, por lo menos, su amargura terminó en bendición.

¿Qué relación había entre el árbol y la transformación del oasis en agua fresca? Algunos han especulado diciendo que tenía una corteza especial que neutralizó el ácido en el agua. Pero es improbable que existiera algún vínculo científico entre el árbol y el agua. Dios hizo un milagro produciendo una solución que desafiaba la comprensión humana. Arrojar el árbol al agua era un acto simbólico, así como cuando Moisés sostuvo su vara sobre el Mar Rojo. Dios transformó las aguas de Mara sencillamente porque le pareció bien hacerlo.

Con frecuencia Dios cambia nuestras circunstancias en respuesta a la oración. El ascenso que no recibió se convirtió en bendición porque una mejor oportunidad se cruzó en su camino. El hijo rebelde vuelve a casa, o un matrimonio se salva. Mirando atrás fue una bendición que la chica terminara esa relación con usted porque Dios tenía a alguien mejor.

A veces Dios hace un milagro aún mayor: *En lugar de cambiar nuestras circunstancias, nos capacita para que podamos aceptarlas.* Él nos capacita para perdonar al borracho que mató a nuestro hijo en un accidente de tránsito, para aceptar sin resentimiento un descenso en el trabajo, o para aceptar la enfermedad que debemos soportar. En una oportunidad Él calma el mar, y en otra deja que la tormenta se enfurezca, pero en el último caso calma nuestros corazones. Los Maras que nos sobrevienen están diseñados para que seamos mejores, no para amargarnos.

No hay agua tan dulce como la que una vez fue amarga. No hay nada tan satisfactorio como la *esperanza* interna a pesar del *calor* externo. Dios continúa siendo dulce, aún cuando el agua que bebamos esté amarga. *Me mostrarás la senda de la vida; en tu presencia hay plenitud de gozo; delicias a tu diestra para siempre* (Sal.16:11).

La desilusión pone a prueba nuestra fidelidad

Dios utilizó la experiencia de Mara para prometerle a Israel que si obedecía estaría a salvo de las enfermedades que pululaban en otras naciones: *...ninguna enfermedad de las que envié a los egipcios te enviaré a ti; porque yo soy Jehová tu sanador* (Ex.15:26).

En la ley (particularmente en el libro de Levítico), Dios da normas específicas en cuanto a lo que los Israelitas debían comer, qué hacer con los desperdicios, y cómo bañarse. Dios prometió que si ellos seguían estas instrucciones, serían sanados y estarían a salvo de las enfermedades que atormentaban a los egipcios. Esto no significaba que siempre serían sanados físicamente, ya que entonces no habrían muerto. Sin embargo Dios los liberaría de ciertas enfermedades durante su travesía por el desierto.

Hoy algunos creen que podemos ser sanados de cualquier enfermedad que nos atormente. Citan Isaías 53:5: *...por su llaga fuimos nosotros curados*, como la evidencia de que la sanidad física es un derecho dado por Dios a los creyentes. Sin embargo, otros versículos de la Biblia dejan en claro que Dios no siempre sana a su pueblo, y que la redención completa aún es futura.

Con el tiempo todos seremos sanados físicamente, cuando en la resurrección nuestros cuerpos sean transformados. Hasta entonces tendremos que soportar la fragilidad de nuestros cuerpos. Y aún nuestras enfermedades espirituales no serán completamente sanadas hasta que seamos transformados en gloria, y estemos completos en Cristo. Dios sana nuestros corazones pecaminosos, pero ese proceso no termina, sino hasta cuando lleguemos al cielo. Donde hay oscuridad Él hace brillar la luz; donde hay una herida Él provee el aceite tranquilizador. Como el médico de nuestras almas, está con nosotros capacitándonos para que lleguemos tan lejos, en nuestro viaje espiritual, como Él quiere.

Su mara y el mío

Hay dos árboles importantes en la Biblia. Primero fue el del conocimiento del bien y del mal, en el huerto de Edén. Cuando Adán y Eva desobedecieron a Dios y comieron del fruto de ese árbol, toda la corriente histórica se volvió amarga. El pecado ha contaminado todo desde entonces hasta ahora, todos hemos sentido su veneno en nuestra alma.

El segundo árbol es la cruz. Este es conocido por su bendición; es el árbol que invierte la maldición que el del huerto de Edén produjo. Es el único antídoto para el veneno que fluye por la corriente histórica. Es el árbol que absorbió la maldición del pecado y purificó sus aguas.

Pablo habló de este árbol en Gálatas 3:13-14: *Cristo nos redimió de la maldición de la ley, hecho por nosotros maldición (porque está escrito: Maldito todo el que es colgado en un madero), para que en Cristo Jesús la bendición de Abraham alcanzase a los gentiles, a fin de que por la fe recibiésemos la promesa del Espíritu.* Cristo cargó con nuestra maldición para que nosotros pudiéramos ser bendecidos. El veneno del pecado fue neutralizado, y la sanidad es ofrecida a todo el que cree.

De una forma muy interesante, cuando Jesús estuvo en este árbol le dieron a beber vino mezclado con mirra (Mr. 15:23). En hebreo mirra es *marah*, que significa amargo. Esta mezcla era usada como un calmante para el dolor que producía la crucifixión. Pero Cristo se negó a beberla, debido a que deseaba morir completamente consciente.

Cuando Pedro trató de defender a Cristo, aquella fatídica tarde en el Monte de los Olivos, el Señor dijo: *...Mete tu espada en la vaina; la copa que el Padre me ha dado, ¿no la he de beber?* (Jn. 18:11). Él se negó a tomar esa bebida mientras estaba en la cruz, a fin de poder beber la copa dada por el Padre. Él bebió esa copa por nosotros.

La muerte y la maldición estaban en nuestra copa.
Oh Cristo, rebosaba para ti,
pero has bebido hasta la última gota
y ahora está vacía para mí.

¿Qué hace la cruz? Igual que el árbol utilizado por Moisés, la cruz transforma la vida, y toda su amargura volviéndola dulce porque lleva el fruto precioso del Redentor crucificado.

El pecado es la enfermedad más amenazadora. David hizo un paralelo entre la enfermedad y el pecado: *Él es quien perdona todas tus iniquidades, el que sana todas tus dolencias...* (Sal. 103:3). El profeta Isaías hablándole a la nación de Israel, dijo: *Desde la planta del pie hasta la cabeza no hay en él cosa sana, sino herida, hinchazón y podrida llaga; no están curadas, ni vendadas, ni suavizadas con aceite* (Is. 1:6).

¿Cómo convierte la cruz nuestras aguas amargas en aguas dulces? Primero, nuestros pecados son perdonados y hay descanso para nuestras conciencias atribuladas. Con una palabra suya somos sanados y hechos completos. Segundo, sana a quienes están angustiados: *Él sana a los quebrantados de corazón, y venda sus heridas. Él cuenta el número de las estrellas; a todas ellas llama por sus nombres* (Sal. 147:3-4).

Dios, quien cuenta las estrellas, sana nuestras almas. Las promesas de Dios son la medicina que usa para sanar las heridas de su pueblo. Hay sanidad para nuestros pecados, y para el dolor dentro de nuestras almas. Esta sanidad anticipa la sanidad plena de la redención. Sin duda, al final las aguas amargas serán endulzadas.

El mundo tiene una variedad de árboles que son ofrecidos como el remedio para volver dulces las aguas amargas. Uno de los principales es el dinero: ¡Gánese la lotería y, sin importar lo terrible que sea la vida, vivirá una felicidad ininterrumpida, eso es, ¡si puede deshacerse de sus parientes! Hubo una pareja en Canadá que se ganó 20 millones de dólares y a los seis meses murió de cáncer.

El placer es otro árbol que ofrece el mundo: Crece, se nos dice, con raíces profundas y fuertes. Promete suprimir la monotonía de la existencia, y reemplazarla por entusiasmo y notoriedad. Sólo pruebe el placer, dicen, y verá que la vida es más fácil de un fin de semana a otro. Pero al final ese árbol, aunque ha sido muy promocionado, produce un fruto amargo.

Durante años, el alcohol y las drogas fueron pregonados como el gran escape a los contratiempos. Pero el nivel de suicidio, cada vez mayor, prueba que estos árboles sólo añaden más veneno a las aguas amargas.

Hace muchos años un artículo que apareció en *Psicology Today (Sicología Hoy)* decía que, en efecto, para algunos es saludable estar desconectados de la realidad porque ésta es muy deprimente. Podemos vivir cómodamente en un mundo de ilusión, mediante un mecanismo de acoplamiento. En otras palabras, ¡para algunos la vida es tan amarga que se sentirían mejor fingiendo que les es dulce!

Después de Mara, los israelitas llegaron a Elim, donde había 12 manantiales de agua y 70 palmeras (Ex. 15:27). Los israelitas sedientos hallaron un manantial por cada tribu, y suficientes palmeras para que todos pudieran disfrutar un mordisco de las frutas. En un mapa usted no puede ver a Elim desde Mara, pero Dios, quien conoce el terreno, tenía preparado un oasis especial más adelante.

Una joven cristiana que trabajaba en una iglesia de Chicago fue brutalmente violada una tarde de verano. Años más tarde, cuando ella escribió su historia, contó cómo Dios la había sanado. Ahora está felizmente casada y tiene varios hijos. Una de las preguntas que se hacía, recordando el pasado era: ¿Por qué alguien no me dijo, cuando estaba tan profundamente herida, que algún día sanaría por completo emocionalmente? Su pregunta concreta era: ¿Por qué alguien no me dijo cuando me encontraba en Mara, que más adelante llegaría a Elim?

Cerca de su Mara hay un árbol que puede endulzar las aguas amargas. Su *desilusión* bien podría ser la *cita* de Dios para demostrarle que la bendición puede seguir a la amargura.

Entre más cerca nos encontremos de Dios, más rápido podremos llegar de Mara a Elim. Dios, quien nos conduce por el desierto, también nos lleva a un oasis refrescante.

Capítulo Ocho

Viviendo con una actitud de gratitud

(Lea Éxodo 16)

"Nada es más fácil que criticar. Para meterse en el negocio de la queja no se requiere ningún talento, abnegación ni inteligencia, o buen carácter", dijo Robert West.

Después de seis semanas en el desierto, los israelitas tuvieron que despedirse de Elim con sus 70 palmeras y 12 oasis. Mientras hacían su viaje por el desierto, se dieron cuenta de que no podían vivir de los recuerdos, por más agradables que fueran. Cuando sus provisiones de alimentos disminuyeron, se sintieron abandonados y traicionados. A pesar de los muchos milagros que Dios había hecho, no confiaban en Él como proveedor para el futuro. El hambre y la arena caliente hicieron que su fe se evaporara. Quejarse es contagioso.

Y toda la congregación de los hijos de Israel murmuró contra Moisés y Aarón en el desierto; y les decían los hijos de Israel: Ojalá hubiéramos muerto por mano de Jehová en la tierra de Egipto, cuando nos sentábamos a las ollas de carne, cuando comíamos pan hasta saciarnos; pues nos habéis sacado a este

desierto para matar de hambre a toda esta multitud (Ex. 16:2-3).

Algunas lenguas comenzaron a moverse, y pronto
todos estaban atrapados en este alboroto nacional. La
murmuración se esparció, como el veneno en un tanque
de agua.

Las quejas estaban dirigidas a Moisés, el líder puesto
por Dios. Con cinismo lo acusaban de haberlos llevado
al desierto para verlos morir. Decían que haber muerto
en Egipto era mejor que hacerlo de hambre bajo el sol
ardiente.

Moisés sintió el agudo aguijón de sus quejas. Trataron
de herirlo y lo lograron. No les importaba que él hubiera
puesto en peligro su vida por ellos; ningún sacrificio del
pasado podía borrar la ira del momento. Los milagros de
ayer no parecían ayudar para creer en un milagro hoy. Dios
había suplido su necesidad de agua en Mara, pero evidentemente no creían que Él pudiera hacerse cargo de su
necesidad de alimento.

Dios le dio al pueblo una sorprendente respuesta: *"Yo
he oído las murmuraciones de los hijos de Israel; háblales
diciendo: Al caer la tarde comeréis carne, y por la mañana os saciaréis de pan, y sabréis que yo soy Jehová
vuestro Dios"* (Ex. 6:12).

Primero: Garantizó la provisión de alimento; de hecho
el pan caería del cielo para ellos. En las mañanas tendrían
maná, y en las tardes carne. Su queja había sido escucha-
da, y Dios respondería.

Pero segundo, y aún más importante: Dios se enojó
por su actitud. Aunque sus murmuraciones estaban dirigidas a Moisés, en realidad era una crítica contra el Todopoderoso. Moisés dijo: *...porque Jehová ha oído vuestras
murmuraciones con que habéis murmurado contra él;
porque nosotros, ¿qué somos? Vuestras murmuraciones
no son contra nosotros, sino contra Jehová* (Ex.12:8).

Lógicamente, así era, debido a que Moisés era el representante de Dios. Por lo tanto, murmurar contra Moisés era hacerlo contra Dios.

Sólo piense: Al desierto árido donde no había agua ni alimento fueron guiados por la columna de nube. Moisés, quien seguía las instrucciones de Dios, difícilmente podía ser culpado por realizar un giro tan dramático en el desierto. Dios había prometido llevarlos a Canaán, y esta era la ruta escogida por Él. El hambre que sentían era parte de su plan para ellos.

Aunque normalmente no lo entendemos así, quejarse en contra de las circunstancias es quejarse contra Dios. Incluso cuando alguien maldice el clima, sin saberlo, lo está haciendo contra Dios. ¿Después de todo, quién tiene a su cargo el viento, el granizo o la intensidad del sol? Incluso cuando nos quejamos por la salud, las dificultades en el trabajo, o la falta de dinero, estamos implicando a Dios ya que Él tiene todas estas circunstancias bajo su supervisión y control. Aun los cabellos de nuestra cabeza están contados.

Por supuesto que existen circunstancias que podemos cambiar, pero son pocas comparadas con las muchas que están fuera de nuestro alcance y control. Dios llevó a los israelitas al borde de la desesperación para que pudieran acercarse más a Él, porque sabe que *normalmente no confiamos en Él a menos que tengamos que hacerlo*. Bienaventurados quienes están convencidos de que todo está bajo el control soberano de Dios.

En este caso Dios se aseguró de que los israelitas tuvieran que confiar en Él cada día. Se les daría suficiente pan para sus necesidades diarias. No se les daría más para que no cedieran ante la tentación de creer que no necesitaban a Dios: *He aquí yo os haré llover pan del cielo; y el pueblo saldrá, y recogerá diariamente la porción de un día, para que yo lo pruebe si anda en mi ley, o no*

(Ex.16:4). Dios sólo les abrió la puerta, cuando se sintieron acorralados. Y todos los días se sentirían acorralados.

Dios alimentó a los israelitas para dar cumplimiento a su promesa de llevarlos hasta Canaán. No hay otro período en la historia durante el cual Dios haya alimentado a su pueblo con maná del cielo. En la actualidad algunos creyentes han muerto de hambre, o por la acción de hombres malvados. Lo único que Dios promete es andar con nosotros en medio del fuego, no librarnos de él.

En el capítulo 15 Dios permitió que los israelitas tuvieran sed; en el 16 hambre. Dios escogió ponerlos a prueba con las necesidades básicas de la vida. Les enseñó que la supervivencia era cuestión de su cariñoso cuidado diario. Si queremos deleitar el corazón de Dios debemos confiar en Él, y creer que está con nosotros en cualquier circunstancia.

¿Cómo fue diseñada esta experiencia para lograr que la nación de Israel se acercara más a Dios?

Debían tener confianza en su dirección

Ya hemos aprendido que como Dios era el mapa y la brújula, estaban en el desierto por su voluntad. La columna de nube los orientaba durante el día, y la columna de fuego durante la noche. Dios no los conduciría a un lugar donde no los pudiera proteger. No abandonaría a sus hijos adoptivos. Su integridad estaba en juego.

Dios probó a los israelitas, pero por supuesto que también fue una prueba terrible para Moisés. Piense en la responsabilidad que pesaba sobre sus hombros. Durante sus días en Madián, Moisés experimentó la aridez del desierto y sabía que ni siquiera una familia podría sobrevivir por mucho tiempo, si no era por una serie de milagros. Creer que Dios cuidaría a su familia era una cosa; pero creer que Él cuidaría a toda la congregación era otra muy distinta.

Aparentemente Moisés creyó, pero los israelitas no. Añoraban con nostalgia a Egipto, y lo comparaban con su situación actual. Se olvidaron de los golpes; no recordaban que eran buscados por todas partes como animales, y que debían cumplir con una cuota diaria de ladrillos. Olvidaron la humillación, la debilidad y el dolor. Únicamente recordaron las ollas de carne. En ese momento, por lo menos, Egipto se veía mejor que el desierto: ...*Ojalá que hubiéramos muerto por mano de Jehová en la tierra de Egipto...* (Ex.16:3).

Olvidaron el cántico de victoria que habían entonado después de cruzar el Mar Rojo, cómo el agua amarga de Mara había sido endulzada, y la maravillosa provisión en Elim. Bloquearon en sus mentes el pasado milagroso, y sólo podían ver la arena que se extendía frente a ellos. Pero lo que recordaban no era mejor que lo que veían.

Satanás desea que distorsionemos el pasado, que recordemos las emociones bajas de nuestra experiencia en Egipto, y que olvidemos lo que fuimos: ...*insensatos, rebeldes, extraviados, esclavos de concupiscencias y deleites diversos, viviendo en malicia y envidia, aborrecibles, y aborreciéndonos unos a otros* (Tit. 3:3). Que olvidemos el recuerdo del sabor amargo del pecado es una de las más antiguas estrategias de Satanás. Nos olvidamos que *es mejor estar en un desierto estéril por la voluntad de Dios, que participar del banquete que ofrecen Satanás y el mundo.*

La congregación distorsionó el pasado y sintió temor del futuro. Esperaba morir de hambre en el desierto. Se sintió traicionada y se enojó con Dios y sus líderes. Con la memoria clavada en el ayer, y las emociones fluctuando en cuanto al mañana, las posibilidades del momento presente se disiparon como el vapor de una cafetera hirviendo.

Alguien dijo que muchas personas viven crucificadas entre dos ladrones: Los remordimientos del ayer, y las ansiedades del mañana. Si nos concentramos en el pasado, o en el futuro, no disfrutaremos el presente. El pasado casi siempre nos condena, y el futuro siempre es incierto. Y si nos convencemos de que lo peor está por venir, como todos estamos propensos a hacerlo, todo será oscuro. ¡Se dice que un pesimista a duras penas espera el futuro, y por eso mira el pasado con remordimiento!

El Señor estaba probando a los israelitas, así que habló al respecto, diciendo; "Vieron mi gloria con señales y maravillas, mientras los guiaba fuera de Egipto, ¿por qué no me confían su futuro? Con una mano los llevaré al desierto para que tengan hambre, y con la otra les daré de comer".

Moisés aprendía que Dios no era solamente quien podía liberar a su pueblo, sino también quien podía sostenerlo. El camino de Egipto a Canaán no sólo incluía el Mar Rojo, también el desierto. Tendrían la fortaleza necesaria todo el tiempo que durara el trayecto.

Si sólo hubieran recordado que se encontraban acorralados por la voluntad de Dios. Y como ya lo enfaticé en un capítulo anterior, Dios está listo a ayudarnos cuando nos encontramos entre la espada y la pared por culpa nuestra, así como lo hace cuando nos hallamos acorralados en aquellos lugares encerrados a los que Él nos lleva.

Hasta el hambre puede ser un designio divino.

Debían confiar en Él para su alimento

Dios había prometido a Abraham, Isaac y Jacob que llevaría a sus descendientes a la tierra que poseerían para siempre. ¿Había alguna posibilidad de que Él no proveyera? Claro que no. La mano invisible del Todopoderoso siempre estaba obrando para garantizar que la nación sobreviviera. Dios tenía la responsabilidad de alimentarla.

Aprendimos que en respuesta a sus murmuraciones Dios les prometió pan y carne. A la mañana siguiente, después de que el sol evaporó el rocío, cayeron a la tierra pequeñas tortas redondas, pero como los israelitas no sabían qué era eso, y preguntaron: *¿Qué es esto?* (en Hebreo, *man hu*). Moisés explicó que este era el pan que Dios les daba. Era como la semilla de cilantro, y dulce como hojuelas de miel. Como fue enviado del cielo, el salmista Asaf se refirió al Maná como *pan de nobles* (Sal. 78:25).

Recibieron dos instrucciones en cuanto al maná. Primera: Cada persona debía recoger lo suficiente para sí y para su familia. *Y los hijos de Israel lo hicieron así; y recogieron unos más, otros menos; y lo medían por gomer, y no sobró al que había recogido mucho, ni faltó al que había recogido poco; cada uno recogió conforme a lo que había de comer* (Ex. 16:17-18). Los rabinos interpretaron esto diciendo que no importaba la cantidad que un hombre recogiera, cuando la medía en su tienda, tenía lo equivalente a un gomer (unos 3.7 litros) para cada persona en la casa. Siglos más tarde Cristo milagrosamente alimentó a una multitud, e incluso pidió que se recogiera lo que sobraba para que no se perdiera nada.

Segunda: No debían almacenar el maná para el día siguiente; si lo hacían se pudriría y criaría gusanos. La excepción era el día sexto cuando se les permitió recoger suficiente para dos días (el día siguiente era el sábado, el día de reposo). Ese día el maná seguía muy fresco debido a la mano cuidadosa de Dios. Esa provisión era una evidencia casual de que el Sábado se guardaba aun antes de haber sido dada la ley en el monte Sinaí.

¿Algo podría ser más claro que estas instrucciones? Sin embargo, como algunos sencillamente no creían en la Palabra de Dios, pondrían a prueba sus instrucciones. ¡Algunos intentaron almacenar el maná para el día siguiente, sólo para darse cuenta de que criaba gusanos! Y también salieron a recoger maná el sábado, sólo para darse cuenta de que no había. Tuvieron que aprender mediante la experiencia que Dios sabía de lo que estaba hablando.

Estos milagros siguieron día tras día, semana tras semana, y año tras año, durante el trayecto por el desierto. Sólo cuando llegaron a Canaán finalizó el suministro de maná porque la tierra misma podía sostenerlos. Durante ese tiempo aprendieron que Dios los cuidaba aun cuando estuvieran en una tierra estéril.

Por las tardes Dios los alimentaba enviando unas codornices que volaban tan cerca de la tierra que podían ser atrapadas. Estas pequeñas aves parecen perdices y aun hoy migran del sur y Arabia, a África central. El arte egipcio representa a las personas atrapando pájaros con redes sostenidas manualmente.

A pesar de todo esto, había momentos cuando la multitud continuaba quejándose. En un incidente que quizá sucedió más tarde, Dios se enojó mucho por sus exigencias. Nuevamente el tema era la comida. Esta vez deseaban carne. A medida que sus quejas se tornaban más ruidosas, el desaliento de Moisés crecía, pero el optó por entregarle al Todopoderoso todas las quejas del pueblo.

Y dijo Moisés a Jehová: ¿Por qué has hecho mal a tu siervo? ¿Y por qué no he hallado gracia en tus ojos, que has puesto la carga de todo este pueblo sobre mí? ¿Concebí yo a todo este pueblo? ¿Lo engendré yo, para que digas: Llévalo en tu seno, como lleva la que cría al que mama, a la tierra de la cual juraste a sus padres? ¿De dónde conseguiré yo carne para dar a todo este pueblo? Porque lloran a mí, diciendo: Danos carne que comamos. No puedo yo solo soportar a todo este pueblo, que me es pesado en demasía. Y si así lo haces tú conmigo, yo te ruego que me des muerte, si he hallado gracia en tus ojos; y que yo no vea mi mal (Nm. 11:11-15).

Dios le dio dos respuestas a Moisés. Primera: Setenta ancianos le ayudarían como líderes en el desierto. Moisés había estado llevando los problemas del pueblo solo, la ayuda de Aarón era mínima, y trataba de resolver todas las disputas, de escuchar todas las quejas, y de presentar todas sus necesidades ante Dios. Con toda razón estaba exhausto.

La segunda parte de la respuesta fue dada con ira: Sí, se les daría comida. De hecho el Señor dijo: *No comeréis un día, ni dos días, ni cinco días, ni diez días, ni veinte días, sino hasta un mes entero, hasta que os salga por las narices, y la aborrezcáis, por cuanto menospreciasteis a Jehová que está en medio de vosotros, y llorasteis delante de él, diciendo: ¿Para qué salimos acá de Egipto?* (Nm. 11:19-20) Luego un viento procedente del mar trajo codornices las cuales los israelitas atrapaban porque volaban a unos 90 centimetros de la tierra.

Hasta ahora todo iba bien. El pueblo quería comer carne y Dios les concedió el deseo de su corazón. Pero después de acumular más de lo que podían comer, y luego de estar hartos, la Biblia dice: *Aún estaba la carne entre los dientes de ellos, antes que fuese masticada, cuando la ira de Jehová se encendió en el pueblo, e hirió Jehová al pueblo con una plaga muy grande. Y llamó el nombre de aquel lugar Kibrot-hataava, por cuanto allí sepultaron al pueblo codicioso* (Nm.11:33-34).

El pecado del pueblo no fue haber deseado comer carne, sino el desearla más que la voluntad de Dios. Es cierto, tenían hambre, pero no debieron murmurar contra Dios, ni ser tan codiciosos cuando recibieron las codornices. El salmista comenta: *Bien pronto olvidaron sus obras; no esperaron su consejo. Se entregaron a un deseo desordenado en el desierto; y tentaron a Dios en la soledad. Y él les dio lo que pidieron; mas envió mortandad sobre ellos* (Sal.106:13-15). ¡Cuando hacemos una oración egoísta, Dios puede sencillamente satisfacer nuestra petición, al tiempo que nos da la aflicción que implica esa respuesta.

Hay algo más importante que satisfacer nuestros deseos; someterlos a Dios, quien sabe más que nosotros. Dios da lo mejor a quienes permiten que Él escoja.

Ni el maná ni la carne se podían acumular. Si se guardaban por más de un día criaban gusanos. Dios no quería que ellos vivieran sin depender de Él, ni siquiera un día. Necesitaban ser preservados del pecado de la independencia; del orgullo que los haría olvidarse de Dios. Por naturaleza preferiríamos almacenar suficiente para no tener que orar: *El pan nuestro de cada día, danóslo hoy.*

Es posible que nos alejemos de Dios entre más acumulemos, antes que acercarnos en su dirección. Sin la provisión espiritual diaria, nuestra vida pronto se volverá rancia y criará gusanos.

Recibo gran bendición cuando adoro a Dios en compañía de los creyentes el domingo; pero también he aprendido que el maná no se puede guardar con facilidad hasta el lunes. A pesar de todo el alimento espiritual que pueda haber digerido el domingo, a veces he fallado espiritualmente el lunes por no haber disfrutado de la comunión diaria con Dios.

Como un recuerdo de la fidelidad de Dios, poco después fue colocada en el arca una vasija con maná. Futuras generaciones podrían reflexionar en cuanto a las lecciones aprendidas por una nación en cierne que tenía una necesidad profunda de Dios en el desierto.

Debían confiar en su plan de perfeccionamiento

¿Cuál era el plan oculto de Dios en el desierto? ¿Por qué no proveyó agua aun antes de que tuvieran sed? ¿Por qué no proveyó maná aun antes de que tuvieran hambre? ¿Por qué los llevó al borde de la desesperación antes de rescatarlos?

Como siempre, la flecha de Dios apuntaba a sus corazones. Quería acercar la nación a Él; sabía que si no tenían que esperar para recibir sus bendiciones, pronto olvidarían la fuente. La siguiente es la interpretación divina:

Y te acordarás de todo el camino por donde te ha traído Jehová tu Dios estos cuarenta años en el desierto, para afligirte, para probarte, para saber lo que había en tu corazón, si habías de guardar o no sus mandamientos. Y te afligió, y te hizo tener hambre, y te sustentó con maná, comida que no conocías tú, ni tus padres la habían conocido, para hacerte saber que no sólo de pan vivirá el hombre, mas de todo lo que sale de la boca de Jehová vivirá el hombre. Tu vestido nunca se envejeció sobre ti, ni el pie se te ha hinchado en estos cuarenta años. Reconoce asimismo en tu corazón, que como castiga el hombre a su hijo, así Jehová tu Dios te castiga. Guardarás, pues, los mandamientos de Jehová tu Dios, andando en sus caminos, y temiéndole (Dt. 8:2-6).

Cuando afirmo que Dios quería que confiaran en su poder, quiero decir que Él estaba haciendo de ellos una nación que llevaría fruto espiritual. Había plantado la semilla de la fe en sus corazones y quería alimentarla. Así como el sol y la lluvia son necesarios en un huerto, Dios creó las condiciones óptimas para que ellos crecieran espiritualmente. Las experiencias en el desierto hicieron parte del proceso de labrado, riego, y poda de las ramas secas.

También podríamos expresarlo de esta manera: Los agricultores saben que las plantas crecen, y con el tiempo producen fruto, si no tiene maleza. El calor y el hambre del desierto sacarían a la luz la mala hierba que impedía el crecimiento. Dios sabía qué había en sus corazones, pero estas pruebas servirían como un espejo para que el pueblo pudiera verse como era. Unos, convencidos de pecado, se arrepintieron; otros persistieron en su terquedad y fueron juzgados.

Así como se calienta el crisol para separar el oro de la escoria, Dios deseaba que la temperatura fuera tal que la escoria saliera a la superficie. El calor y el hambre revelan lo mejor y lo peor que hay en cada uno de nosotros.

No sabemos si estas pruebas alcanzaron el resultado pretendido. Nos queda la impresión de que la mayoría de los israelitas siguió quejándose sin desarrollar la fe que es tan preciosa para Dios. Por otra parte, quizá muchos buscaron a Dios y no se unieron a la queja y la incredulidad. Estas pruebas separaron a los fieles de los infieles.

Moisés, Josué y Caleb son claros ejemplos de quienes creyeron que aún verían la provisión gloriosa de Dios. Ellos se opusieron a miles de enemigos que se encontraban disgustados, y que se quejaban cada vez que carecían de pan en sus manos, o de agua en sus recipientes. Como siempre, hubo una línea invisible que dividía a los fieles de los infieles, aquellos que se les acercaban, y aquellos que se alejaban de ellos.

Nuestro ejemplo

¿Cómo debieron reaccionar los israelitas ante los infortunios que los rodeaban? ¿Dónde podemos encontrar un ejemplo sobre cómo manejar el calor y el hambre del desierto?

Cristo estuvo en el desierto sólo durante 40 días, a diferencia de los israelitas que vivieron esta experiencia durante 40 años. Pero Él experimentó una hambre tan intensa que los israelitas que salieron de Egipto no hubieran podido imaginar: *Entonces Jesús fue llevado por el Espíritu al desierto, para ser tentado por el diablo. Y después de haber ayunado cuarenta días y cuarenta noches, tuvo hambre* (Mt. 4:1-2). Sus labios no pronunciaron ni una sola palabra de queja.

Es comprensible que, el diablo tratara de explotar el hambre de Cristo tentándolo: *...Si eres Hijo de Dios, di que estas piedras se conviertan en pan* (Mt.4:3). Cristo pudo haber apelado a sus facultades. Pues como segundo miembro de la trinidad tenía el poder necesario para ver el cumplimiento de todos sus deseos. Él tenía el poder de hacer milagros.

Pero Cristo vio la tentación por lo que era: Se trataba de suplir una necesidad legítima, pero de una forma ilegítima. Satanás anhelaba ver a Cristo supliendo su necesidad, sin que recurriera a la voluntad divina. Cristo citó el mismo pasaje que explica el porqué Israel tuvo hambre y sed: *...No sólo de pan vivirá el hombre, mas de todo lo que sale de la boca de Jehová vivirá el hombre* (Dt. 8:3).

Hay algunas cosas en la vida que son más importantes que la comida: Sin duda es mejor pasar hambre dentro de la voluntad de Dios, que comer y saciarse lejos de Él. La desobediencia es una maldición mayor que padecer hambre. Cristo sabía que su vida estaba en las manos de su Padre, y eso fue suficiente para satisfacerle.

¿Dónde podemos obtener la fortaleza necesaria para elegir de manera precisa, o someter nuestros deseos físicos a la voluntad de Dios? Debemos cultivar el apetito espiritual. Hay un maná escondido que hace que el del desierto parezca insípido. Y a medida que comemos de éste, nuestro gusto se perfeccionará.

Para los fariseos y cualquiera que hubiera querido escuchar, Cristo dijo:

...De cierto, de cierto os digo: No os dio Moisés el pan del cielo, mas mi Padre os da el verdadero pan del cielo. Porque el pan de Dios es aquel que descendió del cielo y da vida al mundo. ...Yo soy el pan de vida; el que a mí viene, nunca tendrá hambre; y el que en mí cree, no tendrá sed jamás (Jn. 6:32-33,35).

Podemos someter nuestros deseos físicos a Dios porque Él nos da la fortaleza interna necesaria. Hay un alimento tan precioso que pocos lo entienden, un pan superior al que tanto anhelan nuestros cuerpos.

Al igual que Israel, no podemos comer una vez y quedar satisfechos de por vida; no podemos saciar nuestra sed el domingo y que sea suficiente para el resto de la semana. Como es necesario comer regularmente para mantener nuestro ser externo, de igual forma lo debemos hacer para mantener en buena salud nuestro ser interno.

Empecemos nuestro día alimentándonos del maná celestial mediante la meditación en la Palabra de Dios. Tan pronto perdemos esa costumbre el resto de nuestro día se derrumba y nuestra comunión con Cristo se ve interrumpida. Como F. B. Meyer, dice: "El hombre necesita todo lo que un nuevo día puede darle de la gracia y el consuelo de Dios. Este debe ser su pan diario".

Debemos recuperar la costumbre de comenzar cada día con el maná necesario para sostenernos. Alguien escribió:

Tuve un encuentro con Dios en la mañana cuando el día estaba en todo su esplendor.

Y su presencia vino como el amanecer, como una gloria, como aliento de vida en mi pecho.

Durante el día su presencia persistió, todo el día estuvo conmigo.

Navegué en perfecta calma por un mar turbulento.

Otros barcos fueron llevados de aquí para allá, y estropeados, otros fueron atrapados por el dolor.

Pero los vientos que parecían llevarlos, me trajeron perfecta calma.

Entonces pensé en otras mañanas con un agudo remordimiento.

Cuando yo también había soltado las amarras, porque su presencia había quedado atrás.

Ahora conozco el secreto porque lo he aprendido en las peores dificultades.

Debes buscarlo en la mañana si quieres que esté contigo a lo largo del día.

Quienes se comprometen a acercarse más a Dios saben que el alimento de ayer no servirá hoy. El Todopoderoso nos invita a aproximarnos a Él para que podamos ser alimentados otra vez.

Capítulo Nueve

Usando nuestras armas para ganar

(Lea Éxodo 17:8-16)

"En la guerra no hay substituto para la victoria", dijo el general Douglas MacArthur cuando se dirigió al Congreso de los Estados Unidos el 19 de abril de 1951. Debilitar al enemigo no es suficiente; una batalla debe pelearse con la intención de ganar, aunque sea a un costo muy alto.

Cada uno de nosotros libra una batalla. Quizá estemos enfrentando conflictos dentro del núcleo familiar, entre los demás parientes, o viviendo la experiencia de una relación rota. Hoy hablé con una mujer que está librando una amarga batalla con su ex esposo por la custodia de sus hijos; ella cree que él los ha maltratado. Asiste regularmente a la corte para obtener la custodia permanente, pero no sabe con certeza qué decidirá el juez. Sin hablar de la forma como todo esto influirá en sus hijos, para ella será una batalla larga y agotadora.

Tal vez su batalla sea con las circunstancias, la mala salud, o los reveses financieros. Quizá sea un conflicto en el trabajo, o una lucha secreta en el alma. A veces esas batallas internas parecen pequeñas, pero pueden iniciar una serie de tentaciones que lo llevarán a perder una gran batalla en el futuro. Nadie comete un robo a mano armada sin haber comenzado con pequeños hurtos. Nadie comete un asesinato sin antes haber alimentado el odio dentro del corazón. Nadie comete actos inmorales sin haber violado una serie de límites que con el tiempo le llevarán al hecho. Sí, los pecados pequeños, cuando no son juzgados, inevitablemente conducen a los más grandes.

¿Cómo peleamos? y, ¿cómo lo hacemos para ganar?

Los israelitas tuvieron una serie de enemigos que corresponden a nuestros enemigos hoy. Egipto representa el mundo. Era un país monótono, árido y con pocos elementos que protegieran del ardiente sol. Lo peor de todo, se trataba de un país de esclavos donde las personas que trabajaban no disfrutaban los beneficios de sus labores. Había impotencia, desamparo y era una tierra de promesas incumplidas.

En Egipto Faraón controlaba las vidas de los israelitas. Como lo aprendimos, adoraban al rey aunque era un enemigo del Dios verdadero. Le ofreció al pueblo concesiones, sólo dándose tiempo para pensar en otras formas de aumentar el control sobre él. Como Satanás, Faraón quería ceder un centímetro para conquistar un metro.

En los años siguientes Israel enfrentaría otro enemigo, los cananeos. Canaán no representa el cielo; cuando lleguemos a la gloria no tendremos que conquistar a Jericó. Canaán representa la vida de un creyente en Cristo que conquista territorio en el nombre del Señor. Tenemos que luchar contra nuestros cananeos también, si deseamos disfrutar la herencia.

Pero por ahora había otro enemigo que lentamente estaba desmoralizando a los israelitas, y tenía el potencial de destruirlos. Los amalecitas se interponían en el camino de Israel hacia la tierra prometida. En Refidim enfrentaron su primera batalla después de haber salido de Egipto. Esta era otra prueba que debían superar para ver el cumplimiento de la promesa de Dios.

Justo antes de esta batalla, los israelitas tuvieron otro susto en el desierto cuando se quedaron sin agua. Así como en Mara, el pueblo se quejó contra Moisés preguntándole una vez más por qué los había llevado al desierto para verlos morir de sed. Esta vez Moisés recibió la orden de golpear una roca con su vara y el agua fluyó. Este incidente, junto con una experiencia similar, serán analizados en el capítulo 13.

Mientras disfrutaban la alegría de un milagro, de repente los israelitas se vieron confrontados por el intento de una tribu guerrera de obtener sobre ellos la contundente victoria. Leemos: *Entonces vino Amalec y peleó contra Israel en Refidim* (Ex. 17:8). Aunque podía haber suficiente territorio para ambas tribus, ante este fértil oasis, los amalecitas vieron en Israel una amenaza que debía ser eliminada, se sintieron intimidados y completamente impotentes.

Este conflicto tiene algunas lecciones esenciales para nuestras propias batallas. No empezaremos a ganarlas a menos que aprendamos lo que Moisés tiene para enseñarnos.

Conozca al enemigo

¿Quiénes eran los amalecitas? Eran descendientes de Esaú, el hombre mundano que vendió su primogenitura por un plato de lentejas. Recordará que Esaú y Jacob fueron gemelos destinados para el conflicto. Antes de nacer, a su madre Rebeca le fue profetizado: *...y el mayor servirá al menor* (Gn. 25:23). Años más tarde Esaú, quien era cazador, llegó del campo tan hambriento que ile cedió la primogenitura a su hermano a cambio de un plato de lentejas!

¿En qué consistía la primogenitura que Esaú había despreciado? Era la promesa de que a través de Abraham y sus descendientes todas las familias de la tierra serían bendecidas. Este pacto culminaría con el nacimiento de Cristo del linaje de David. Quizá Esaú pensó que esta promesa no sólo era imposible, sino que su realización estaba muy lejos. No importaba lo que Dios había dicho, pues eso no le ayudaba ahora que su cuerpo hambriento necesitaba alimento. Él era un hombre práctico, un hombre de acción, un hombre que quería lo que quería; *ahora*. El presente era más importante que un futuro invisible. Pensó que tenía todo lo que se necesitaba para ser un hombre sin Dios; vivir para el momento era su inflexible objetivo. Esaú vivió por sus propias normas y murió por ellas.

Como dijo William Henley en su poema "Invicto":

No importa lo estrecho de la salida,
ni lo cargado que esté por el castigo escrito;
soy el amo de mi destino,
soy el capitán de mi alma.

El impulso y la gratificación inmediata de su necesidad llevaron a Esaú a hacer un trato con su hermano. A cambio del guiso que estaba en la olla, Jacob podía tener la bendición de ser el heredero. La actitud rebelde de Esaú pasó a sus descendientes. Tuvo un hijo llamado Elifaz cuya concubina Timna le dio un hijo llamado Amalec (Gn. 36:12).

Esa era la razón por la cual los amalecitas no le temían a Dios, sino que buscaban exterminar a los israelitas. Ellos representan a todo aquel que eleva la carne por encima del espíritu; simbolizan a la persona que debido a un impulso inmediato y egoísta pone en peligro la relación con Dios. Aunque los amalecitas fueron finalmente exterminados durante los días de Ezequías, la actitud de Amalec aún existe.

Volvamos a la historia: Esta tribu guerrera ahora buscaba impedir la marcha de los israelitas hacia la tierra prometida. Entonces leemos:

Y dijo Moisés a Josué: Escógenos varones, y sal a pelear contra Amalec; mañana yo estaré sobre la cumbre del collado, y la vara de Dios en mi mano. E hizo Josué como le dijo Moisés, peleando contra Amalec; y Moisés y Aarón y Hur subieron a la cumbre del collado. Y sucedía que cuando alzaba Moisés su mano, Israel prevalecía; mas cuando él bajaba su mano, prevalecía Amalec (Ex. 17:9-11).

Así como la carne resiste todo esfuerzo del Espíritu Santo por llevarnos a un andar más íntimo con Dios, Amalec pretendía bloquear el camino de los israelitas.

¿Qué estrategia utilizó Amalec? Muchos años después, Moisés hizo un comentario inspirado acerca de esta batalla. *Acuérdate de lo que hizo Amalec contigo en el camino, cuando salías de Egipto; de cómo te salió al encuentro en el camino, y te desbarató la retaguardia de todos los débiles que iban detrás de ti, cuando tú estabas cansado y trabajado; y no tuvo ningún temor de Dios* (Dt. 25:17-18).

Amalec atacó *de repente*. No hubo advertencia, ni indicio alguno de cuándo atacarían sus soldados. Guerreros crueles merodearon cerca de la retaguardia de los israelitas, haciendo todo el daño que pudieron, al tiempo que evitaron ser atacados. Los israelitas despertaban en la mañana, sólo para descubrir que algunos habían sido asesinados durante la noche. Nadie sabía cuándo vendría el siguiente ataque.

Satanás usa la misma estrategia contra nosotros. Rara vez alguien se despierta por la mañana y dice: "Hoy trataré de desobedecer a Dios". No, la tentación viene hacia nosotros. Un hombre que adulteró hace más o menos un mes, dijo: "Nunca planeé que alguna vez me pasara esto". Pero sucedió.

Espiritualmente hablando, debemos estar listos para el ataque sorpresivo. Es posible que poco tiempo después de estar adorando a Dios las tentaciones sean abrumadoras. Pedro, quien había experimentado unos cuantos fracasos, escribió: *Sed sobrios, y velad; porque vuestro adversario el diablo, como león rugiente, anda alrededor buscando a quien devorar; al cual resistid firmes en la fe, sabiendo que los mismos padecimientos se van cumpliendo en vuestros hermanos en todo el mundo* (1 P. 5:8-9). ¡Esté atento al ataque inesperado!

Luego, los amalecitas atacaron de *manera* desafiante. Después de algunos triunfos impresionantes, los guerreros se atrevieron a atacar a Israel "de frente". Esta no era una sencilla batalla física, una escaramuza por el territorio. Leemos que Amalec *no tuvo ningún temor de Dios* (Dt. 25:18). De manera específica, sabemos que eran seguidores de otro dios, Satanás, quien siempre ha tratado de hacer todo lo que puede por destruir al pueblo de Dios.

Con frecuencia las batallas se libran después de recibir el regalo del maná y el agua de la roca. Podríamos pensar que este era un momento en el que estaban espiritualmente fuertes, pero no, eran vulnerables. Al fin y al cabo, cuando todo nos sale bien, con frecuencia nuestra satisfacción personal nos distrae de la completa dependencia de Dios. La palabra *Refidim* significa: "Lugar para descansar". Cuando los israelitas contemplaron la posibilidad de descansar, fueron atacados por el enemigo. De hecho, Moisés les recordó que esta batalla sucedió cuando Israel estaba "cansado y trabajado" (Dt. 25:18).

Las bendiciones tienen algunos peligros. Abraham fue bendecido en Canaán, pero cuando una hambruna llegó, salió para Egipto desobedeciendo a Dios. Elías vio cómo Dios ganaba una impresionante victoria sobre los profetas de Baal, pero días más tarde escapó, temiendo la ira de Jezabel. Satanás llevó a Cristo al desierto inmediatamente después de que escuchó cómo su Padre lo bendijo diciendo: *Este es mi hijo amado, en quien tengo complacencia*

(Mt. 3-17). A veces creo que Satanás piensa: "Me gustaría encontrar un cristiano bendecido de manera particular por Dios, ¡para poderlo atacar!"

Si está disfrutando bendiciones continuas sin ningún conflicto, puede ser que (a), Satanás no piense que es importante para la causa de Dios en el mundo; o (b), que puede estar planeando atacarlo mañana. La tierra que solamente recibe el sol se convierte en desierto. Inevitablemente las tormentas llegarán y perturbarán nuestro despejado cielo.

Mañana puede ser su día. Pueden llegar a su mente pensamientos que lo sorprendan, ser tentado a hacer las cosas por las cuales siempre ha condenado a otros, o hacer lo que creía era incapaz de hacer. Los planes para que ceda al pecado ya están dispuestos.

Después Amalec atacó *estratégicamente*. El enemigo no incursionó al azar en el campamento israelita. No atacó de frente donde estaban ubicadas las filas de los soldados más fuertes. Su objetivo eran los miembros más débiles del ejército.

Dios pone a prueba nuestras áreas fuertes para hacernos aún más fuertes; Satanás tienta nuestras áreas más débiles para hacernos caer. El empujará la puerta que se abre más fácil. Cada vez que sucumbimos ante la tentación, la atracción de volverlo a hacer se torna más fuerte. El pecado, alguien dijo, nos lleva más lejos de lo que nosotros queremos, nos atrapa más tiempo del que deseamos y nos cuesta más de lo que creemos.

¿Cuál es su punto débil? ¿Cuál es el pecado que le parece más difícil de resistir? Espere un ataque justo ahí. Jesús dijo: *Velad y orad para que no entréis en tentación* (Mt. 26-41).

Era muy conveniente que cada vez Moisés tuviera un conocimiento más amplio de Amalec. La estrategia debía ser a la medida del enemigo. Y sin embargo, como lo veremos, al tiempo que se libraba la batalla, en el valle, otra se libraba en la parte alta del monte. Necesitamos más de una arma si queremos ganar. Una clase de armas funciona en el valle, y otras cuando el combate se libra en las partes altas.

Use sus armas

Imagine una ciudad que continuamente se encuentra bajo el ataque del enemigo. Casi cada semana unos soldados suben por un hueco que hay en el muro suroriental y producen estragos entre los habitantes. ¿No cree que el Concejo de la ciudad sería suficientemente prudente como para tapar esa parte del muro? Aún así, incontables cristianos han sido derrotados por el mismo pecado semana tras semana, y nunca piensan en una estrategia para ganar.

Examinemos una página de la vida de Moisés, quien a los 81 años le dijo a Josué que peleara contra Amalec en el valle, mientras él intercedía sobre la cumbre del collado. Con el ejército de Dios bajo su mano (ese personal sencillo que ahora se estaba volviendo famoso), subió a la cima del collado. No estaba eludiendo su deber; sabía lo que Josué debía hacer, pero también cuál era *su* papel. Leemos:

Y sucedía que cuando alzaba Moisés su mano, Israel prevalecía; mas cuando él bajaba su mano, prevalecía Amalec. Y las manos de Moisés se cansaban; por lo que tomaron una piedra, y la pusieron debajo de él, y se sentó sobre ella; y Aarón y Hur sostenían sus manos, el uno de un lado y el otro de otro; así hubo en sus manos firmeza hasta que se puso el sol. Y Josué deshizo a Amalec y a su pueblo a filo de espada (Ex. 17:11-13).

¡Qué gran ejemplo acerca de las armas necesarias para la batalla!

Primero, aprendemos que en el valle necesitamos la espada. Para Josué y los israelitas era una piedra afilada que usaban contra el enemigo en un combate mano a mano. Esta es la primera vez que se menciona a Josué en la Biblia. El había nacido en Egipto, y ahora tenía 45 años. Moisés se sentía cómodo poniéndolo a cargo cuando la situación exigía valor y liderazgo. Aquí él es un soldado, en Cades Barnea un espía, y más tarde el sucesor de Moisés. El hizo exactamente lo que Moisés le dijo que hiciera, y fue perfecto *en pos de Jehová* (Nm. 32:12).

Este conflicto en el valle era inevitable. Los israelitas no podían alejarse esperando que el enemigo respondiera amablemente. Recordemos que los enemigos de Dios no sólo están interesados en su preservación personal, también tienen un intenso deseo de ver al Dios vivo destronado. Tenía que haber una batalla, una lucha hasta el final.

He conocido cristianos que creen que si no molestan a Satanás, él tampoco los molestará. Lo que estos creyentes no entienden es que Satanás no deja quieto a ningún hijo de Dios. Todo cristiano está involucrado en la batalla; pensar de otra forma es confesar su rendición. Estamos directamente involucrados en el combate. Así como Amalec, Satanás nos acecha esperando asestar un golpe mortal.

Nosotros no utilizamos una piedra afilada, sino la Espada del Espíritu, es decir, la Palabra de Dios. Como Pablo lo expresa: *Porque no tenemos lucha contra sangre y carne, sino contra principados, contra potestades, contra los gobernadores de las tinieblas de este siglo, contra huestes espirituales de maldad en las regiones celestes* (Ef. 6:12). Luego describe seis piezas de la armadura que son necesarias para permanecer en esa victoria que Cristo conquistó por nosotros. Entre ellas, claro está, se encuentra la espada del Espíritu (Ef. 6:17). Si pudiéramos hablar con Moisés nos diría que no podemos luchar sin la espada. Josué necesitaba la suya, y nosotros la nuestra.

Segundo, también necesitamos de los principales hombres de Dios en la cima del monte. Cuando Moisés levantaba sus manos, Josué prevalecía; cuando las bajaba, prevalecía el enemigo. ¿Qué relación existió entre la batalla física en el valle y la batalla espiritual en la cima?

Algunos creen que levantar las manos era una señal de avance, y bajarlas, de rendición. Otros han sugerido también que levantar las manos era la señal de un juramento, y bajarlas de retirada.

Pero el significado más claro es que Moisés levantaba las manos en actitud de oración. *Así te bendeciré en mi vida; en tu nombre alzaré mis manos* (Sal. 63:4). Pablo le dijo a Timoteo: *Quiero, pues, que los hombres oren en todo lugar, levantando manos santas, sin ira ni contienda* (1 Ti. 2:8). Moisés alzaba sus manos a Dios para interceder. Sólo la oración puede explicar la conexión invisible entre el valle y la cima.

Si una cámara de televisión hubiera estado ahí para grabar un documental sobre la batalla, los observadores habrían notado cómo la ventaja estratégica alternaba entre los israelitas y los amalecitas. Y luego para sorpresa de todos (aunque quizá una persona perceptiva podría haberlo notado), se podía ver un anciano en la cima del monte. Cada vez que alzaba sus manos, Israel avanzaba, pero cuando las bajaba, los amalecitas arremetían con fuerza contundente. La polémica de esa tarde sería: ¿Qué relación podría existir entre la mano levantada de un hombre y la derrota o victoria de 2 millones de personas? Los estrategas militares se habrían desconcertado.

Moisés conocía el poder de la oración, pero se cansaba. Entonces Aarón y Hur lo sentaron sobre una piedra para que estuviera lo suficientemente bajo a fin de que ellos pudieran mantener sus manos levantadas. Asombroso, tres hombres estaban cambiando el resultado de la batalla.

¡Con cuánta urgencia necesitamos personas como Aarón y Hur que apoyen el liderazgo de las iglesias locales y la causa de Cristo permanentemente! Sólo piense: La oración de una persona, o la carencia de ella, pueden aumentar el impacto espiritual de una gran congregación.

Existe una relación invisible entre la oración y las victorias que celebramos.

Algunos han visto en esta historia un retrato de Cristo, quien ascendió al cielo y nos representa ante el Padre. Claro está que Cristo nunca se cansa, aunque nosotros sí. Cuando se encontraba en la tierra, Jesús invitó a Pedro, Santiago y Juan a interceder con Él en Getsemaní, pero varias veces se durmieron. Leemos: *Vino luego a sus discípulos, y los halló durmiendo, y dijo a Pedro: ¿Así que no habéis podido velar conmigo una hora? Velad y orad, para que no entréis en tentación; el espíritu a la verdad está dispuesto, pero la carne es débil* (Mt. 26:40-41).

Moisés estuvo de acuerdo. La carne resiste al espíritu, particularmente cuardo nos arrodillamos a orar.

No subestimemos el equilibrio entre el valle y la cima. ¿Luchamos contra Satanás, o únicamente "descansamos en el Señor" mediante la oración? La respuesta es que luchamos en oración, pero también durante nuestro trabajo para Cristo. No sólo oramos por las circunstancias que nos rodean, sino que en realidad buscamos modificarlas. Como bien se ha dicho: Oramos como si todo dependiera de Dios, pero luego trabajamos como si todo dependiera de nosotros.

Un místico le habría dicho a los soldados que abandonaran el valle, insistiendo en que todo lo que necesitaban era la oración. Por su soberanía, Dios podía obtener la victoria, se hubieran o no, reclutado soldados para la batalla. Ésta, dirían los religiosos, es enteramente del Señor.

El hombre que cree que "Dios ayuda a quienes se ayudan" habría enfatizado que sólo lo que sucedía en el valle era realmente importante. Él hubiera sostenido de manera convincente que no hay una conexión científica entre un anciano con sus manos levantadas en la cima de un monte, y la victoria o derrota en el valle. Hubiera reunido las tropas y les hubiera dicho que la batalla estaba completamente en sus manos.

Dios, claro está, hace una conexión directa entre las oraciones de su pueblo y sus victorias y derrotas. Usted y yo ganamos en el valle, sólo si también triunfamos en la cima. El cansancio en la oración da como resultado la debilidad en la batalla.

Nuestra intercesión no es como un teléfono celular con un radio de alcance limitado. Por medio de la oración podemos viajar a través del océano y ubicarnos al lado de un misionero; entrar en un apartamento y consolar a un niño que está siendo maltratado, o tocar la vida de un pariente cuya dirección hemos perdido. La oración que mueve la mano de Dios, mueve al mundo.

Una pareja que entregó a su hijo en adopción habló de la agonía que les producía saber que habían dado a luz a un niño que nunca verían; un niño que posiblemente no conocería a Cristo como su Salvador. ¡Qué no darían por tener ese niño en sus brazos una hora! Pero yo les aseguré que aún podían tener una profunda influencia en la vida de ese niño. Dios conoce dónde está y mediante la oración ellos pueden influenciar su vida. Dios ve la batalla en el valle tan claramente como las oraciones ofrecidas en la cima del monte.

Martín Lutero, oró: "Querido Señor, aunque estoy seguro de mi posición, no puedo sostenerla sin ti. Ayúdame o estaré perdido". Sí, Dios sabe dónde estamos; Él conoce nuestras debilidades y fortalezas, y sabe que podemos ganar contra nuestro Amalec.

Los valles de hoy contienen toda clase de batalla espiritual y moral que usted pueda imaginar. Cuando vamos perdiendo, gastamos más recursos en el valle, y gritamos con ira reclamando nuestros derechos. Algunas iglesias dependen económicamente de las mismas estrategias del mundo de los negocios. Muchos se ofrecen como voluntarios para el valle, pero muy pocos para la cima.

Contamos con muchos organizadores, pero pocos "agonizadores".

Las armas que Dios nos ha dado deben ser utilizadas para que nuestro Amalec no nos robe la tierra prometida. Ganar significa que conocemos nuestras armas y las usamos.

Siga a su líder

Cuando la guerra fue ganada, Moisés edificó un altar y lo llamó "Jehová-nisi" que quiere decir: "El Señor es mi bandera" (Ex. 17:15). No sólo quiso que Dios recibiera el honor, también sabía que la nación necesitaba un punto de identificación. El altar era un recordatorio visual de la necesidad de marchar bajo la dirección del Señor soberano.

En lo alto de las montañas de Liechtenstein (una pequeña porción de tierra entre Alemania y Suiza), hay un castillo con acceso limitado. Se dice que cuando la bandera está izada, el rey se encuentra dentro del castillo, pero cuando no, la bandera está abajo. La bandera simboliza la presencia del rey.

Cuando mi esposa y yo visitamos Liechtenstein, se podía ver la bandera, pero el viento estaba tan calmado que colgaba lánguidamente pegada del asta. Sólo cuando el viento soplaba veíamos sus colores.

Así sucede hoy; muchos dicen marchar bajo la bandera de Cristo, pero su compromiso es en gran parte un secreto. Sólo cuando comienza a soplar el viento podemos ver quiénes son los verdaderos seguidores de Cristo. Cuando ponemos en alto el estandarte de Dios, afirmamos su presencia. Los ciudadanos comprometidos saludan cuando la bandera es izada.

Cuando el Señor pone su estandarte sobre nosotros, todos los que están a nuestro alrededor deben darse cuenta de que le pertenecemos. La diferencia básica entre los

Israelitas y los amalecitas era que Dios estaba con los primeros. La característica sobresaliente del pueblo del Señor es "la evidente presencia de Dios".

La bandera también es símbolo de protección. Cuando los soldados marchan bajo la bandera de su país, proclaman confiados que los recursos de su patria serán usados para defenderlos. Por eso cuando marchamos bajo la bandera del Señor, sabemos que Él está con nosotros paso a paso en el camino. Él no sólo nos fortalece para el viaje, sino que nos protege de esos encuentros que no desea que enfrentemos. Bajo su bandera, tenemos los recursos necesarios para el viaje.

Cuando la celebración finalizó Moisés recibió la orden: *...Escribe esto para memoria en un libro, y di a Josué que raeré del todo la memoria de Amalec de debajo del cielo* (Ex. 17:14). Luego el Señor añadió: *...Jehová tendrá guerra con Amalec de generación en generación* (Ex. 17:16). Entonces Moisés registró los detalles que con el tiempo llegaron a formar parte del Antiguo Testamento.

Siglos más tarde Saúl recibió la orden de exterminar a los amalecitas, pero su obediencia parcial lo llevó a la ruina. Samuel le había dicho: *Ve, pues, y hiere a Amalec, y destruye todo lo que tiene, y no te apiades de él; mata a hombres, mujeres, niños, y aun los de pecho, vacas, ovejas, camellos y asnos* (1 S. 15:3). Saúl desobedeció argumentando que había conservado lo mejor que los amalecitas tenían. Interesante, años más tarde cuando Saúl agonizaba luego de su intento de suicidio, fue un amalecita quien aparentemente lo acabó de matar.

En la batalla con la carne no puede haber *transigencia; todas las concesiones serán utilizadas por el enemigo para aumentar su control. Aquello que no conquistemos nos conquistará.*

¿Cuánto tiempo le llevaba a Josué comenzar a perder la batalla cuando Moisés bajaba sus manos? Al parecer el efecto era inmediato. Finalmente es Dios quien da la victoria, y debe recibirse por fe mediante la oración. Si no, estamos luchando en una batalla perdida. La victoria no es algo que debemos alcanzar, es algo que debemos recibir.

Cuando sienta que la temperatura sube en el valle, mire a la cima de la montaña. "La oración", decía Charles Haddon Spurgeon, "hala el lazo, y hace que la gran campana suene en los oídos de Dios. Quienes oran con timidez, escasamente hacen sonar la campana... pero se comunica con el cielo quien agarra con firmeza la cuerda y hala continuamente con todas sus fuerzas".

Hoy Dios sigue en guerra con Amalec. El área de nosotros que está en rebelión contra Dios necesita ser dominada. Satanás, quien busca explotarnos, debe ser resistido. Debemos conocer al enemigo y luego usar nuestras armas para luchar contra él.

Quizá hoy o mañana lleguemos a nuestro Refidim, y únicamente aquellos que se han acercado a Dios ganarán la batalla.

Sólo pregúntele a Moisés.

Capítulo Diez

Cuando Dios se acerca

(Lea Éxodo 19-20)

Si Tozer tuvo razón cuando afirmó que lo más importante en la vida es entender quién es Dios, la generación actual está en serios problemas. Hoy nuestras formas de ver a Dios son, mayormente, de acuerdo con nuestras preferencias. Como Pablo enseñó, siempre estamos enfrentados con la tentación de crear a Dios a nuestra propia imagen.

Encuestas de opinión revelan que somos muy religiosos, pero sólo el 10 por ciento afirma que su creencia en Dios afecta verdaderamente la forma como vive. El dios en el cual dicen creer es tan tolerante como el invitado a un espectáculo de televisión, tan adorable como un padre que le consiente todo a su hijo, y tan irrelevante como el calendario del año pasado.

Moisés diría que si su creencia en Dios no afecta la forma como vive, ¡ha confiado en el dios equivocado! El Dios de Abraham, Isaac y Jacob, siempre ha impactado a quienes le conocen. Él vino a convencernos, convertirnos y cambiar el rumbo de nuestras vidas. A veces incluso hace que las montañas tiemblen.

Si había una lección que Dios deseaba que Moisés, y también los israelitas aprendieran, era que sólo Él podía ser llamado de manera apropiada, *asombroso*. No hay nadie como Él en gloria y majestad. Los teólogos usan la palabra *inmanente* para afirmar que Dios está con nosotros en el mundo, y *trascendente* para significar que Dios está separado del mundo. En nuestro tiempo se enfatiza su inmanencia, es decir, su cercanía a nosotros. Al considerar su cercanía corremos el peligro de olvidar que Él difiere de nosotros radicalmente.

Dios está por encima de cualquier cosa que podamos pensar. Cuando tratamos de imaginarnos a Dios llenando los cielos, llegamos al final de nuestras capacidades mentales. Y aún así, sólo entonces podemos disfrutar la magnificencia indescriptible de Dios. Y cuando contemplamos la santidad de su ser infinito, nos arrodillamos con reverencia y respeto.

Los israelitas llevaban tres meses fuera de Egipto cuando llegaron al Monte Sinaí para recibir la ley. Aprenderían que si bien Dios está en todas partes, con frecuencia su presencia se nos oculta; lo vemos sólo por medio de los ojos de la fe. Pero cuando se revela, es asombroso y aterrorizador.

Lea esta descripción de la revelación de Dios en el Monte Sinaí, tratando, tanto como pueda, de revivir el drama que Moisés experimentó al dialogar con Dios:

Todo el monte Sinaí humeaba, porque Jehová había descendido sobre él en fuego; y el humo subía como el humo de un horno, y todo el monte se estremecía en gran manera. El sonido de la bocina iba aumentando en extremo; Moisés hablaba, y Dios le respondía con voz tronante. Y descendió Jehová sobre el monte Sinaí, sobre la cumbre del monte; y llamó Jehová a Moisés a la cumbre del monte, y Moisés subió. Y Jehová dijo a Moisés: Desciende, ordena al pueblo que no traspase los límites para ver a Jehová, porque caerá multitud de ellos. Y también que se santifiquen los sacerdotes que se acercan a Jehová, para que Jehová no haga en ellos estrago. Moisés dijo a Jehová: El pueblo no podrá subir al monte Sinaí, porque tú nos has mandado diciendo: Señala límites al monte, y santifícalo. Y Jehová le dijo: Ve, desciende, y subirás tú, y Aarón contigo; mas los sacerdotes y el pueblo no traspasen el límite para subir a Jehová, no sea que haga en ellos estrago. Entonces Moisés descendió y se lo dijo al pueblo (Ex. 19:18-25).

¿Qué aprendieron Moisés y Aarón acerca de Dios durante esta aterradora y perturbadora experiencia? Fueron llevados ante el Todopoderoso en silencio y adoración. Ellos nunca podrían olvidar su misericordia y su poder, su gracia y su santidad.

¿Qué sucedió cuando Dios llegó al Monte Sinaí?

Su Santidad se manifestó

El atributo fundamental de Dios es su santidad. Es el único atributo que se repite "tres veces" en las Escrituras. No dice: "Poderoso, poderoso, poderoso, Jehová de los ejércitos". Sino que los ángeles decían: *Santo, santo, santo, Jehová de los ejércitos; toda la tierra está llena de su gloria* (Is. 6:3).

Santidad significa "sublimidad". Quiere decir que Dios va más allá de lo que somos capaces de imaginar. La santidad es un aspecto fundamental del carácter de Dios sobre el cual R.C. Sproul dice: "La palabra *santo* llama la atención sobre todo lo que Dios es. Nos recuerda que su amor es amor santo, su justicia, justicia santa, su misericordia, misericordia santa, su conocimiento, conocimiento santo, y su espíritu, el Espíritu Santo" (*The Holiness of God (La Santidad de Dios)*), Wheaton, Ill.: Tyndale House, 57.

¿Cómo reveló Dios su santidad en el Monte Sinaí? Primero, insistiendo en que todos se alejaran de la montaña:

> *Y señalarás término al pueblo en derredor, diciendo: Guardaos, no subáis al monte, ni toquéis sus límites; cualquiera que tocare el monte, de seguro morirá. No lo tocará mano, porque será apedreado o asaeteado; sea animal o sea hombre, no vivirá. Cuando suene largamente la bocina, subirán al monte* (Ex. 19:12-13).

Si un animal o un hombre tocaba la montaña, el cuerpo no debía ser retirado haciendo contacto directo, sino disparando una flecha. Sólo Moisés fue llamado a la cima del monte Sinaí para ver el fuego, los truenos y el humo. Después él regresó para advertirle al pueblo que morirían si se acercaban a la montaña.

La distancia física simbolizaba la distancia moral entre el hombre y Dios. No podemos tener contacto directo con Dios sin un mediador. Ni siquiera Moisés pudo ver directamente a Dios, aunque se le dieron privilegios especiales. Dios les decía: "¡Aléjense o morirán!".

La mayoría de las religiones paganas considera que Dios es alguien que vive en las montañas. Pero en este relato, Dios es visto como el que desciende del cielo a la montaña. No sólo había una distancia horizontal entre Dios y el hombre, también una vertical. Dios descendió para recordarle al hombre que es de abajo, una criatura terrenal.

Dios es superior; Él excede los límites. Es mayor que su creación y por eso se erige sobre ella. Una vez más Sproul, dice: "Cuando conocemos lo infinito, pasamos a ser muy conscientes de que somos finitos. Cuando conocemos lo Eterno, nos damos cuenta de que somos temporales. Conocer a Dios es un poderoso estudio de contrastes" (Pág. 63).

Más adelante en la historia de Israel, dos sacerdotes llamados Nadab y Abiú entraron al tabernáculo e inmediatamente murieron porque ofrecieron *fuego extraño* al Señor (Lv. 10:2). Aparentemente no pensaron que esa violación era seria. Con seguridad no siguieron los procedimientos establecidos, sino sus propias reglas, pues servían a Dios a su manera. Pero fuera lo que fuera, que hubieran hecho, Dios los juzgó con una muerte instantánea.

¿Fue el castigo acorde con el crimen? Por supuesto que Dios no podía ser injusto. Cuando Él pronuncia una orden, espera obediencia absoluta. Después de todo, Él no sólo conoce el porqué, mejor que nosotros, sino que de manera constante vigila nuestra obediencia. Si la magnitud de un pecado es determinada por la grandeza del ser contra quien se comete, entonces estos dos sacerdotes eran profundamente culpables. Su desobediencia en verdad era arrogancia. Habían profanado lo que era santo.

A Uza, quizá recuerde, Dios le quitó la vida por tocar el arca cuando era llevada de regreso a Jerusalén. Aquella arca de madera, que simbolizaba la presencia de Dios, fue puesta en un carro nuevo que era guiado por bueyes. Cuando llegaron a la era de Quidón, Uza extendió su brazo para sostener el arca porque el buey tambaleó. Leemos: *Y el furor de Jehová se encendió contra Uza, y lo hirió, porque había extendido su mano al arca; y murió allí delante de Dios. Y David tuvo pesar, porque Jehová había quebrantado a Uza...* (1 Cr. 13:10-11).

Una vez más nos enfrentamos a la aparente dureza de Dios. ¿Por qué Uza debía ser derribado debido a lo que con toda seguridad fue una reacción instintiva? La respuesta es que Uza era un coatita que había sido instruido específicamente en cuanto a cómo llevar el arca. Bajo ninguna condición debía alguien tocarla. Una vez construida y dedicada a Dios, era santa. Sólo se podían tocar las varas. En realidad el arca no debió haber estado en un carro tirado por bueyes. Cuando el tabernáculo era llevado por el desierto, cubrían el arca con un velo de tal forma que los sacerdotes ni siquiera la miraban.

Uza supuso que estas instrucciones podían pasarse por alto debido a que el arca estaba a punto de caer. Esta no fue una acción heroica, sino, como dice R.C. Sproul: "Fue un acto de arrogancia, un pecado de atrevimiento. Uza supuso que su mano estaba menos contaminada que la tierra. Pero no sería la tierra o el barro lo que profanaría el arca, sino el toque de un hombre... Dios no quería que su trono santo tuviera contacto con lo que estaba contaminado por el mal, lo que estaba en rebelión contra Él... lo prohibido era la manipulación humana" (Pág. 141).

No debemos pensar que Dios se ha vuelto más flexible con el paso del tiempo. En el Antiguo Testamento se encuentran por lo menos 12 pecados que exigían la pena de muerte. La lista incluye maldecir a los padres, el adulterio y la homosexualidad. Hoy, estos pecados se cometen sin temor a tal juicio. ¿Será que el Dios del Antiguo Testamento es un ser airado y vengativo?

Escépticos como David Hume consideran que nuestro concepto de Dios ha evolucionado. El Dios del Antiguo Testamento castigaba por capricho y era cruel, no así el Dios del Nuevo Testamento que es amoroso y bueno. Hume agradece que nuestro concepto de Dios se esté volviendo más humano.

¿Por qué esta aparente diferencia entre el Antiguo y el Nuevo Testamento? La idea de que Dios ha cambiado es blasfema. Las Escrituras afirman: *Porque yo Jehová, no cambio...* (Mal. 3:6). El Dios del Antiguo Testamento es el Dios del Nuevo. En esta era, sin embargo, Él ha optado por aplazar el juicio. Hoy se le da a los hombres y las mujeres oportunidad de arrepentirse sin el juicio severo e inmediato que se daba en los tiempos del Antiguo Testamento. Al final su santidad, y su carácter inmutables, serán revelados. Sólo aquellos que han huido hacia Cristo para protegerse de su ira, escaparán del juicio venidero.

Hoy a menudo enfatizamos la gracia de Dios. Pero no podemos entender su maravillosa gracia a menos que seamos abrumados por la intensidad resplandeciente de su santidad. Para recobrar un adecuado temor a Dios, debemos regresar al Monte Sinaí. Acompañemos a Moisés; sintamos el movimiento de la montaña y veamos el fuego ardiendo. Quedémonos con los israelitas en la base de la montaña, y veamos el humo que se levanta.

¿Cómo se comportó Moisés en la presencia de Dios? Él regresó a su pueblo varias veces para luego volver a la cima. De la primera vez que lo hizo, leemos: *Y Moisés subió a Dios...* (Ex. 19:3). Cada vez que ascendía, parecía que su relación se volvía más estrecha. Después de haber recibido la ley, Éxodo 20:21, dice: *...y Moisés se acercó a la oscuridad en la cual estaba Dios.* Luego se le pidió que fuera a la cumbre del monte por quinta vez, mientras los ancianos lo acompañaban hasta cierto punto. Pero él solo se dirigió a la cumbre, hasta la nube donde estuvo 40 días y 40 noches recibiendo las instrucciones del tabernáculo (Ex. 24:18). Cuando regresó al pueblo, se enojó por su idolatría (tema que estudiaremos en el siguiente capítulo).

Cuando Dios se acerca, hay una demostración de su santidad. Entre más nos acerquemos a Dios, más notorios parecen nuestros pecados. Y entre más grandes sean nuestros pecados, mayor es nuestra necesidad de su misericordia.

Sus expectativas fueron manifestadas

Leemos: *Todo el monte Sinaí humeaba, porque Jehová había descendido sobre él en fuego; y el humo subía como el humo de un horno, y todo el monte se estremecía en gran manera* (Ex. 19:18).

No podemos comenzar a calcular el poder necesario para sacudir una montaña. Aún hoy, podemos ver el poder de Dios en los tornados, huracanes y terremotos. Cuando Dios quiere sacudir la tierra, no encuentra dificultad para hacerlo. No podemos hacer una sola molécula de la nada, pero Dios creó las estrellas y planetas en un instante. El Dios que creó el Monte Sinaí lo sacudió.

Ahora que Dios capta la atención de Moisés y del pueblo, les revela los 10 mandamientos. Estas leyes morales reflejan el carácter mismo de Dios quien comienza con: *No tendrás dioses ajenos delante de mí* (Ex. 20:3). ¿Por qué Dios exige tal lealtad? Porque ningún otro ser tiene valor intrínseco como Él, y debido a que todos los demás seres son su creación, el valor de ellos se deriva de su Creador. Para nosotros, un carácter celoso es pecaminoso porque supone que tenemos ciertos derechos o expectativas que están siendo violados. Pero únicamente Dios tiene derechos intrínsecos. Sólo Él puede recibir alabanza sin tener que entregársela a un ser superior. Por esta razón tiene todo el derecho a ser celoso cuando le somos infieles.

El segundo mandamiento enfatiza que la alabanza a Dios debe ser espiritual, no material. *No te harás imagen, ni ninguna semejanza de lo que esté arriba en el cielo, ni abajo en la tierra, ni en las aguas debajo de la tierra* (Ex. 20:4). Dios exige devoción exclusiva. En lugar de contribuir a la devoción, cualquier intento de representarlo físicamente distrae de ella.

Los otros mandamientos no serán estudiados aquí, pero sí el hecho de que los primeros cuatro hablan de nuestra relación con Dios, y los últimos seis de la relación con nuestros semejantes. Estos mandamientos debían convertirse en el fundamento moral para el estilo de vida de Israel; representaban el código básico de conducta que mantenía a Dios a la expectativa.

Cuando Dios habla todos los argumentos se acaban. David Hume calificó como inmoral creer que Dios se reveló a sí mismo a un pueblo (los judíos), en un área geográfica (Israel), por medio de un hombre (Cristo). El problema, claro está, es que Dios no consideró necesario esperar la época de Hume para que él aprobara sus planes. *Nuestro*

Dios está en los cielos; todo lo que quiso ha hecho (Sal. 115:3).

Le rendimos cuentas a Dios y no a los hombres. Calvino dijo que aprendemos a sobrevivir deseando encontrar a alguien que sea más pecador que nosotros, para que, comparándonos, parezcamos justos y rectos. Luego cuando hacemos sólo una buena obra, tenemos la satisfacción de habernos elevado a un plano moral más alto. Nos engañamos por este impulso de autoconfianza.

El joven rico en realidad creía que había guardado los mandamientos; tenía en poco sus pecados porque tenía en poco a Dios. Lutero decía que el problema del hombre no es sólo su ceguera, enfermedad y muerte, sino creerse capaz de ver, capaz de tener salud y de estar vivo.

La presencia de Dios nos despoja de todos los juicios superficiales. Ante su presencia somos humillados, pues nos damos cuenta de nuestra sorprendente necesidad de misericordia. La presencia de Dios revela la superficialidad de los juicios humanos por lo que son.

Como un hombre de negocios sollozaba con tanta amargura cuando llamó a su pastor, éste pensó con seguridad que una tragedia había venido sobre su familia. Cuando el pastor llegó a la oficina de su amigo, lo encontró inclinado sobre su escritorio implorando la misericordia de Dios. Cuando el hombre se calmó, dijo: "¡Dios acaba de poner en evidencia mi corazón y fue como si estuviera viendo el fondo del infierno!

¿Qué había hecho este hombre que fuera tan imperdonable? Había ajustado algunas cuentas de gastos a su favor, una pequeña infracción que rutinariamente hacen los hombres de negocios. Pero en la presencia de Dios, hasta los pequeños pecados se vuelven grandes. La santidad de Dios determina la gravedad de nuestros pecados.

Cuando Dios se acerca hay autoridad moral y los argumentos en cuanto a lo bueno y lo malo finalizan. En su presencia lo mejor que podemos hacer es estar completamente de acuerdo con nuestro Creador omnisciente.

Cuando el pueblo escuchó la ley, dijo: ...*Haremos todas las palabras que Jehová ha dicho* (Ex. 24:3). Podemos entender su optimismo, pero ¡poco después adoraron el becerro de oro! Si hubieran entendido su necesidad habrían clamado a Dios por la fortaleza para vivir de acuerdo al código fundamental de la conducta humana.

Manifestó su gracia

Cuando el pueblo vio rayos, truenos y humo, se aterrorizó y rogó a Moisés que les hablara a ellos en lugar de escuchar directamente a Dios. ...*Habla tú con nosotros, y nosotros oiremos; pero no hable Dios con nosotros, para que no muramos* (Ex. 20:19). Fueron invadidos por el temor del Señor, pero éste los alejó de Él, en lugar de acercarlos.

Moisés le aseguró al pueblo que junto con su revelación de santidad e ira se estaba manifestando su gracia: ...*No temáis; porque para probaros vino Dios, y para que su temor esté delante de vosotros, para que no pequéis* (Ex. 20:20). Luego el pueblo permaneció a cierta distancia mientras Moisés se acercaba a la espesa nube en donde se encontraba Dios.

Más tarde Dios le reveló a Moisés el Libro de Levítico para que el pueblo supiera cómo podía acercarse a Él. Debían ofrecer sacrificios para que sus pecados fueran perdonados, y pudieran acercarse a Dios. Comprendían bien la trascendencia de Dios, pero ahora también debían entender su inmanencia. Sí, el Dios cuyo atributo básico es la santidad moraría entre ellos.

Quince siglos más tarde, Cristo nació en Belén y a la edad de 30 años comenzó su ministerio en la rivera del río Jordán. Juan escribió: *Y aquel Verbo fue hecho carne, y habitó entre nosotros (y vimos su gloria, gloria como del unigénito del Padre), lleno de gracia y de verdad... Pues la ley por medio de Moisés fue dada, pero la gracia y la verdad vinieron por medio de Jesucristo* (Jn. 1:14,17).

Moisés era el mediador para los israelitas, el nuestro es Cristo. Ellos tenían sólo a un hombre que intercedía por ellos; nosotros al Dios-hombre cuyo sacrificio pagó el precio de nuestro pecado. Sin duda, aun los pecados de los israelitas fueron cargados por Cristo, pues Moisés mismo fue redimido por la muerte de Cristo en el Calvario.

Observe el profundo contraste entre la experiencia de Moisés en el Monte Sinaí y nuestro privilegio de acercarnos a Dios durante esta era especial de la gracia:

Porque no os habéis acercado al monte que se podía palpar, y que ardía en fuego, a la oscuridad, a las tinieblas y a la tempestad, al sonido de la trompeta, y a la voz que hablaba, la cual los que la oyeron rogaron que no se les hablase más, porque no podían soportar lo que se ordenaba: Si aun una bestia tocare el monte, será apedreada, o pasada con dardo; y tan terrible era lo que se veía, que Moisés dijo: Estoy espantado y temblando; sino que os habéis acercado al monte de Sion, a la ciudad del Dios vivo, Jerusalén la celestial, a la compañía de muchos millares de ángeles, a la congregación de los primogénitos que están inscritos en los cielos, a Dios el Juez de todos, a los espíritus de los justos hechos perfectos, a Jesús el Mediador del nuevo pacto, y a la sangre rociada que habla mejor que la de Abel (He. 12:18-24).

Hay dos montes: El Sinaí y el Calvario. En Sinaí fue dada la ley, la cual declara a los hombres culpables. En el Calvario, Cristo tomó nuestro lugar para que podamos ser libres de las exigencias del Sinaí. Cristo es el mediador entre Dios y el hombre que ha hecho posible nuestro acercamiento a Él. Su sangre derramada, a diferencia de la de las ovejas y las cabras, nos lleva directamente a la presencia de Dios. Esta sangre apaciguó la ira de Dios; Cristo recibió los golpes para que nosotros seamos libres.

El Monte Sinaí dice: "¡Aléjate! ¡No te acerques a la montaña!" El Monte Calvario dice: "Acércate mediante la sangre de Cristo".

> *Así que, hermanos, teniendo libertad para entrar en el Lugar Santísimo por la sangre de Jesucristo, por el camino nuevo y vivo que él nos abrió a través del velo, esto es, de su carne, y teniendo un gran sacerdote sobre la casa de Dios, acerquémonos con corazón sincero, en plena certidumbre de fe, purificados los corazones de mala conciencia, y lavados los cuerpos con agua pura* (He. 10:19-22).

¿Ha cambiado Dios de opinión en cuanto a lo horroroso que es el pecado? ¡De ninguna manera! De hecho, una vez más revelará su santidad en un futuro día de juicio. Y aquellos que no responden a su amorosa invitación en esta era de gracia, estarán bajo mayor condenación que quienes se negaron a escuchar la voz de Dios en el Sinaí. El autor de Hebreos continúa diciendo:

> *Mirad que no desechéis al que habla. Porque si no escaparon aquellos que desecharon al que los amonestaba en la tierra, mucho menos nosotros, si desecháremos al que amonesta desde los cielos. La voz del cual conmovió entonces la tierra, pero ahora ha prometido, diciendo: Aún una vez, y conmoveré no solamente la tierra, sino también el cielo. Y esta frase: Aún una vez, indica la remoción de las cosas movibles, como cosas hechas, para que queden las inconmovibles. Así que, recibiendo nosotros un reino inconmovible, tengamos gratitud, y mediante ella sirvamos a Dios agradándole con temor y reverencia; porque nuestro Dios es fuego consumidor* (He. 12:25-29).

¡Entre más se escuche la invitación de la gracia, mayor es el juicio para quienes la rechazan! El Dios del Sinaí es accesible por medio de Cristo. Las mayores bendiciones que se nos ofrecen redundarán en un juicio más severo si rechazamos su invitación.

Nos acercamos a Dios llegando primero al Sinaí; pero del Sinaí debemos pasar al Calvario. La ley nos apabulla, pero la gracia nos levanta. La maldición sobre aquellos que violan la ley sólo puede ser quitada por Aquel que se hizo maldición por nosotros.

Cuando Dios se acerca nada sigue siendo igual.

Capítulo Once

El alto costo
de la idolatría

(Lea Éxodo 32:1-29)

En la revista *Leadership (liderazgo)* apareció una caricatura con el siguiente titular: "La Iglesia Ligth (liviana)". Debajo de la gráfica aparecían las siguientes palabras: "24 por ciento menos de compromiso; el diezmo es sólo del 5 por ciento; el sermón de 15 minutos; servicio de adoración de 45 minutos; tenemos sólo 8 mandamientos (puede escoger los que quiera); nuestro milenio es de 800 años, y sólo creemos en tres de las cuatro leyes espirituales". La última línea decía: ¡*Todo lo que siempre quiso de una iglesia, y menos*!

Mientras Moisés estaba en la cima del monte Sinaí recibiendo los mandamientos, el pueblo estaba en el valle quebrantándolos. Como Moisés desapareció se sentían abandonados por Dios, así que, agotada la paciencia, decidieron que era tiempo de hacer las cosas por sí mismos.

Si el Dios que habían conocido no estaba a su disposición, harían un dios que lo estuviera. Debido a eso optaron por formar un dios que se parecía a una de las deidades que recordaban de sus días en Egipto. Luego lo adoraron con gran devoción.

Cuando Dios se mantiene en silencio y parece ser indiferente a nuestras necesidades, se crea un ambiente donde florece la idolatría. Hacia dónde nos dirigimos cuando estamos desesperados, revela mucho en cuanto a dónde nos encontramos en nuestro andar con Dios. Que nos acerquemos a Dios o que nos alejemos de Él, depende de lo bien que lo conozcamos. Cuando sentimos que Dios nos ha fallado, aparece un ídolo dispuesto a liberarnos. Entre más cerca estemos de Dios, más cerca queremos estar; entre más lejos nos encontremos de Él, más atractivos se vuelven los ídolos.

Como todos somos amantes de los ídolos, cuando quedamos solos seguimos la idolatría, y queremos crear dioses que estén de acuerdo con nuestros gustos. No leamos este relato como si fuera historia antigua. Este es un diagnóstico del corazón humano. Cuando observamos a los israelitas en la base de la montaña, nos vemos a nosotros mismos.

Repasemos este pasaje y observemos las cinco etapas de un amante de los ídolos. En cada paso, tomemos el tiempo necesario para ver nuestro reflejo en un espejo.

Forjamos nuestros propios ídolos

Cuando el pueblo unánime le pidió a Aarón que hiciera un dios, probablemente él se aterrorizó. Pensó que la gente dejaría la idea tan pronto como entendiera cuánto le costaría. Por eso hizo una solicitud: ...*Apartad los zarcillos de oro que están en las orejas de vuestras mujeres, de vuestros hijos y de vuestras hijas, y traédmelos* (Ex. 32:2). Para su sorpresa, el pueblo lo hizo. Había puesto su pie en un río que ahora era una avalancha, por eso pensó que era poco lo que podía hacer, excepto continuar con lo que pedían.

Puso el oro en el fuego, luego tomó su cincel y formó un becerro parecido al dios toro egipcio Apis, el dios de la fuerza y la fertilidad. Esta, pensó, sería la mejor representación del Señor Dios; y aún más, que también era una réplica de la clase de dios al cual la gente había estado acostumbrada.

Recuerde, probablemente Aarón no pensó que aquel ídolo sería un substituto de Jehová. Sabía muy bien que este objeto físico no podía recibir crédito por los milagros que el pueblo había visto en Egipto y el desierto. Aún hoy cuando los paganos reverencian ídolos, no adoran la forma física, sino el poder espiritual invisible que representan.

Más evidencia de que Aarón no quería darle mérito al becerro de oro se encuentra en su proclamación: *Mañana será fiesta para Jehová* (V. 5). Aparentemente en su mente este becerro era sólo una representación de Jehová, el Señor. Era sólo un "auxiliar de adoración", papel que muchos le dan a las estatuas en nuestros días.

La idolatría puede brotar en las condiciones más inverosímiles. Un día los israelitas se quejaron por la comida que Dios les había estado dando en el desierto, razón por la cual Dios les envió "serpientes ardientes". Éstas mordieron a la gente y muchos murieron. Así que le rogaron a Moisés que intercediera por ellos, y Dios misericordiosamente respondió pidiéndole a Moisés que hiciera una serpiente de bronce y la colocara en una asta. Cualquiera que miraba a la serpiente era sanado (Nm. 21:6-9).

Siglos más tarde esa serpiente de bronce se convirtió en un ídolo con nombre especial. Cuando Ezequías quitó los lugares de idolatría, también: *...hizo pedazos la serpiente de bronce que había hecho Moisés, porque hasta entonces le quemaban incienso los hijos de Israel; y la llamó Nehustán* (2 R. 18:4). Durante más de siete siglos habían reverenciado la serpiente de bronce y en realidad la adoraban. Qué fácilmente florece la idolatría en el corazón humano.

No obstante el racionamiento de Aarón, estaba violando el primer mandamiento: *No tendrás dioses ajenos delante de mí* (Ex. 20:3). Y con seguridad el segundo mandamiento.

No te harás imagen, ni ninguna semejanza de lo que esté arriba en el cielo, ni abajo en la tierra, ni en las aguas debajo de la tierra. No te inclinarás a ellas, ni las honrarás; porque yo soy Jehová tu Dios, fuerte, celoso, que visito la maldad de los padres sobre los hijos hasta la tercera y cuarta generación de los que me aborrecen, y hago misericordia a millares, a los que me aman y guardan mis mandamientos (Ex. 20:4-6).

En tiempos antiguos los ídolos eran hechos manualmente; en nuestro días casi siempre son concebidos por la mente humana. Nuestras ideas de Dios han sido profundamente contaminadas por nuestra cultura. Todos somos tentados a idealizar a Dios según el ser que deseamos. La idolatría es motivada por una ambición no santa; en nuestros días no es tanto que abandonemos a Dios, sino la noción arrogante de que podemos rehacerlo para que esté más a tono con nuestra cultura.

Julian Huxley admitió en una entrevista de televisión: "La razón por la cual aceptamos el darwinismo sin mucha prueba científica es porque no queremos que Dios interfiera en nuestras prácticas sexuales". De manera que: ¡Deseamos a un Dios que nos permita hacer lo que nos parece mejor! No queremos un Dios ante el cual tengamos que inclinarnos, sino un dios que se incline ante nosotros. Hasta una redefinición de Dios, basada en nuestra propia comprensión, es idolatría.

El asunto es muy sutil, porque muchos de nosotros no somos tentados a adorar cosas satánicas, pero nos sentimos tentados a poner a Dios en segundo lugar cuando se trata de las cosas buenas. Como la idolatría es cualquier cosa que interfiere entre nosotros y Dios, puede haber tantos ídolos, como intereses personales que nos consumen.

Un ídolo puede ser una persona, un lugar, o un sueño que anhelamos aun más que la voluntad de Dios. Un ídolo puede ser cualquier deseo legítimo que insistimos en satisfacer sin importar si es la voluntad de Dios o no. Los ídolos tienen como fin distraer nuestros afectos del Dios vivo. Por lo general, la idolatría no es otra cosa que colocarnos en primer lugar.

Es muy fácil identificar los ídolos. Debemos hacer dos preguntas: ¿En qué pensamos durante nuestro tiempo libre? y, ¿a quién deseamos complacer? C. S. Lewis dijo que nuestro ídolo es sencillamente nuestra "prioridad preponderante".

La primera etapa en nuestro deslizamiento hacia la idolatría consiste en apreciar algo, más que al Dios verdadero. Formamos un dios de acuerdo con nuestras preferencias, y luego, cuando hemos escogido el ídolo nos inclinamos en adoración.

Adoramos a nuestros ídolos

Todo dios exige lealtad. El pueblo no sólo había dado su oro para construir el becerro, y ahora se le exigía más. Ofrecieron sacrificios costosos para que su adoración fuera aceptada. Leemos: *Y al día siguiente madrugaron, y ofrecieron holocaustos, y presentaron ofrendas de paz; y se sentó el pueblo a comer y a beber, y se levantó a regocijarse* (Ex. 32:6).

Nuestros ídolos tienen hambre de poder y reconocimiento, así que tomarán lo que puedan de nosotros. La meta de todo dios es el control. Pertenecemos al Dios vivo y verdadero, o a un ídolo. De cualquier manera, no somos dueños de nosotros mismos; los dioses nos gobiernan.

Adorar a un ídolo no es difícil durante las primeras etapas de compromiso. Por ahora los israelitas podían pagar lo que su ídolo demandaba. Más tarde, cuando entraron a la tierra y adoptaron las prácticas paganas de los cananeos, se les exigió sacrificar sus hijos a los dioses de la tierra. Así sucede hoy: Nuestra admiración inicial a la diosa de la inmoralidad sexual, pudo haber parecido inofensiva, pero cada año ella exige el sacrificio de millones de bebés que aún no han nacido.

A principio parece fácil aplacar los dioses paganos, pero con el paso del tiempo exigen más y más lealtad. La *estimulación* viene primero, la *estrangulación* después. Todo ídolo busca controlarnos.

Disfrutamos nuestros ídolos

Los israelitas tuvieron una orgía sexual en presencia de su recién creado dios. A continuación el comentario de Pablo en cuanto al incidente: *Ni seáis idólatras, como algunos de ellos, según está escrito: Se sentó el pueblo a comer y a beber, y se levantó a jugar. Ni forniquemos, como algunos de ellos fornicaron, y cayeron en un día veintitrés mil* (1 Co. 10:7-8).

Interesante, tan pronto cambiaron hacia el nuevo ídolo comenzaron a comportarse de manera diferente; se comportaban como su dios lo deseaba (porque todos los dioses de Egipto toleraban el libertinaje sexual). Haber sacrificado sus joyas había valido la pena porque ahora tenían un dios sometido que entendía mejor sus necesidades y debilidades. La idolatría tiene sus beneficios.

¿Cómo disfrutamos nuestros ídolos hoy? Primero, la idolatría nos permite servirnos a nosotros mismos mientras alegamos que servimos a Dios. Nuestra sociedad, orientada hacia el consumo, ha alterado nuestra idea de Dios para conformarla a lo que nos gustaría que Dios fuera. Éste, en vez de estar en contra de la cultura, se ha acoplado a los productos culturales de conveniencia y consumismo.

Existe la posibilidad de que nuestra cultura absorba la religión. O en otras palabras, nuestra religión ya no se distingue de nuestra cultura.

Segundo, cuando adoramos un ídolo, pronto toleramos otros ídolos. Los dioses finitos siempre son indulgentes, toleran nuestro comportamiento y se aceptan mutuamente. La razón por la cual el movimiento de la Nueva Era acepta creencias absurdas y contradictorias, es que no tiene una norma objetiva por medio de la cual juzgar la verdad. Los adoradores de ídolos disfrutan la compañía de otros idólatras, sin importar cuáles sean sus ídolos.

Ya que los israelitas habían decidido adorar el becerro de oro, el paso siguiente era incluir otros dioses en su adoración. Una vez aceptado el principio de que los dioses existen para permitir que la gente se divierta, no hubo límite en cuanto al número de dioses ni a las experiencias que podían explorarse. Sólo la intervención de Moisés impidió el siguiente paso.

Somos engañados por nuestros ídolos

Dios le habló a Moisés sobre la idolatría del pueblo y le pidió que descendiera y se hiciera cargo de la crisis. De hecho, Dios estaba tan enojado que le dijo a Moisés: *Ahora, pues, déjame que se encienda mi ira en ellos, y los consuma; y de ti yo haré una nación grande* (Ex. 32:10).

Luego Moisés descendió de la montaña con las dos tablas del testimonio en su mano, tablas que estaban escritas en ambos lados. Estas eran obra de Dios, pues su escritura estaba grabada en la piedra. *Cuando oyó Josué el clamor del pueblo que gritaba, dijo a Moisés... Alarido de pelea hay en el campamento. Y él respondió: No es voz de alaridos de fuertes, ni voz de alaridos de débiles; voz de cantar oigo yo. Y aconteció que cuando él llegó al campamento, y vio el becerro y las danzas ardió la ira de Moisés...* (Ex. 32:17-19). Cuando él se dio cuenta de que la nación estaba fuera de control se enojó y arrojó las dos tablas, las cuales quedaron rotas frente a él. Esa acción simbolizaba lo que la nación acababa de hacer. Lo que él había hecho físicamente, ellos lo habían hecho moral y espiritualmente.

> *Y tomó el becerro que habían hecho, y lo quemó en el fuego, y lo molió hasta reducirlo a polvo, que esparció sobre las aguas, y lo dio a beber a los hijos de Israel. Y dijo Moisés a Aarón: ¿Qué te ha hecho este pueblo, que has traído sobre él tan gran pecado? Y respondió Aarón: No se enoje mi señor; tú conoces al pueblo, que es inclinado al mal. Porque me dijeron: Haznos dioses que vayan delante de nosotros; porque a este Moisés, el varón que nos sacó de la tierra de Egipto, no sabemos qué le haya acontecido. Y yo les respondí: ¿Quién tiene oro? Apartadlo. Y me lo dieron, y lo eché en el fuego, y salió este becerro* (Ex. 32:20-24).

¿Cómo reaccionó Aarón? Primero culpó al pueblo y luego el horno. El arrojó el oro al fuego y de allí salió caminando el becerro. ¡Si no hubiera sido por ese increíble horno en el desierto, algo así nunca hubiera sucedido!

Moisés estaba asombrado de ver que su pueblo se desviaba tan pronto de la adoración pura a Dios. Acababa de estar cara a cara con Dios, y ahora tenía que enfrentarse al pecado. Apenas podía soportar el contraste.

Hacerlos beber agua rociada con el polvo de oro era sólo parte de su juicio. Su dios fue humillado ante sus ojos cuando tuvieron que beberse la amarga pócima. Cualquier promesa que el pueblo pensó que había obtenido de este objeto, en su momento de crisis sencillamente no se hizo realidad. Este dios no podía defenderse de la destrucción. Al final, los ídolos sencillamente no cumplen sus promesas. La idolatría es un engaño.

Sí, nuestros ídolos nos engañan. El matrimonio que tanto queríamos hasta el punto de que no le pedimos a Dios su sabiduría al respecto, se convierte en pesadilla. El ascenso que logremos por medio de la manipulación está lleno de alianzas y angustia. El valor del bien raíz que compramos con el único fin de enriquecernos se desploma frente a nuestros ojos. Por más que deseemos evitarlo con el tiempo nuestro dios pierde su brillo.

Dios nunca nos permite salir adelante con la idolatría. Ya sea en esta vida, o en la venidera, veremos con claridad que nuestros dioses nos engañan. Dios aborrece la idolatría.

Debemos arrepentirnos de la idolatría

Moisés y Aarón nos proporcionan un estudio de contrastes. Moisés, por medio de su asociación con Dios, se había vuelto casi inmune a la opinión pública. Su ardiente deseo de obedecer a Dios le dio el valor necesario para hacer caso omiso a las opiniones de las multitudes.

Aarón, por otra parte, sencillamente no tuvo la fortaleza interna para resistir el sentimiento público. Era sensible a las implicaciones políticas de la opinión popular, y no tenía corazón para decirle al pueblo lo que debía oír.

Si nos parece extraña esta evasión de la responsabilidad, ¡recordemos que el diablo nos ofrece una excusa para cada pecado que estemos dispuestos a cometer! Nos convencemos de que lo denominado por Dios como pecado, en realidad no lo es, o culpamos a alguien más por nuestro pecado. ¡O quizá la responsabilidad le corresponde al horno que esos ídolos crean por sí mismos!

¡Interesante! Moisés no se impresionó con la historia ni se lamentó porque se había ido durante 40 días y 40 noches, sin darle explicación al pueblo. Nada puede justificar la idolatría.

> *Y viendo Moisés que el pueblo estaba desenfrenado, porque Aarón lo había permitido, para vergüenza entre sus enemigos, se puso Moisés a la puerta del campamento, y dijo: ¿Quién está por Jehová? Jún-*

tese conmigo. Y se juntaron con él todos los hijos de Leví. Y él les dijo: Así ha dicho Jehová, el Dios de Israel: Poned cada uno su espada sobre su muslo; pasad y volved de puerta a puerta por el campamento, y matad cada uno a su hermano, y a su amigo, y a su pariente. Y los hijos de Leví lo hicieron conforme al dicho de Moisés; y cayeron del pueblo en aquel día como tres mil hombres. Entonces Moisés dijo: Hoy os habéis consagrado a Jehová, pues cada uno se ha consagrado en su hijo y en su hermano, para que él dé bendición hoy sobre nosotros (Ex. 32:25-29).

¿Por qué murieron tantos? Porque evidentemente algunos continuaron en su rebelión aún después de que Moisés bajó de la montaña para restaurar el orden. Algunos se arrepintieron de su pecado, pero otros no.

¿Cómo podemos arrepentirnos de la idolatría?

Tan pronto hayamos identificado nuestros ídolos, debemos confesarlos uno por uno a Dios. Así como se quita la mala hierba de un huerto, nuestro trabajo nunca finaliza. Después de deshierbar, vemos que nuevas malezas germinan; aquellas que creemos haber desarraigado, vuelven a aparecer. Lutero afirmó que la vida cristiana es de continuo arrepentimiento.

Debemos reemplazar esos ídolos por la devoción a Cristo. Nuestras almas aborrecen la vida vacía. Necesitamos una razón para vivir; una razón para tener esperanza. Adoramos al Dios verdadero, o adoramos un ídolo. Todos necesitamos una "prioridad".

Podríamos pensar que no somos capaces de alejarnos de esos ídolos que nos han atrapado. Pero debemos acercarnos a Dios, y con el tiempo el ídolo perderá su poder. Pablo le recordó a la gente de Tesalónica: *...os convertisteis de los ídolos a Dios, para servir al Dios vivo y verdadero* (1 Tes. 1:9).

Mientras nosotros por naturaleza amamos los ídolos, Dios, por naturaleza los aborrece. Siempre que intentemos coexistir con los ídolos, entristecemos el Espíritu de Dios. "Colocarnos en segundo lugar", alguien ha dicho, "es lo importante de la vida". Y, "saber qué colocar en primer lugar, es la esencia de la vida".

La idolatría práctica siempre tiene un alto costo. Los ídolos prometen como si fueran deidades, pero pagan como un demonio.

Ayúdame a bajar del trono
el ídolo más querido que haya conocido,
cualquiera que sea,
y a adorarte sólo a ti.

Si nos arrepentimos de la idolatría, Dios nos ayudará.

Capítulo Doce

Vislumbrando la gloria de Dios

(Lea Éxodo 32:30-35; 33)

De manera increíble, Moisés pudo ver la gloria de Dios. Aunque no podamos ver a Dios como Moisés lo hizo, descubriremos que nosotros también podemos ver su gloria de una forma diferente. Revivir este acontecimiento, como Moisés, despertará nuestro apetito por acercarnos a Dios más que antes.

Para comprender esta historia, debemos comenzar con una pregunta que todos nos hemos hecho en cuanto a la oración. ¿Para qué hacer el esfuerzo de orar si todo está en las manos de Dios? Si Él decide bendecir a nuestros amigos, lo puede hacer sin nuestras oraciones. Si desea liberar nuestra ciudad de la opresión de Satanás, bien puede hacerlo ya sea que oremos al respecto o que no. Él puede sanar a los enfermos, proveer dinero para los misioneros, darnos orientación, y promover su causa aparte de nuestra petición. Sería absurdo creer que de alguna manera Dios está limitado por nuestra propia fidelidad en la intercesión. Podríamos sentirnos tentados a dejar de

orar y a permitir que Dios haga lo que quiera en la tierra
y en el cielo.

¿Por qué, entonces, debemos orar? *La respuesta está
en el hecho de que la oración es un peldaño que lleva a
un objetivo más elevado.* En la oración llegamos a Dios
con nuestra necesidad, ¡y pronto nos damos cuanta de que
lo necesitamos más de lo que precisamos la respuesta a
nuestras oraciones! La oración nos ayuda a tener una
relación más estrecha con el Todopoderoso. Él permite
muchas necesidades porque sabe que sólo quienes están
desesperados oran. Y entre más oramos, más nos acercamos a Él.

George MacDonald, quien influyó grandemente en C.
S. Lewis, dijo:

> ¿Podría ser que el principal objetivo en la idea de Dios
> sobre la oración sea suplir nuestra permanente y gran
> necesidad de Él? El hambre puede llevar a un hijo a
> escapar del hogar, pero él necesita a su madre más de
> lo que necesita la comida. La comunión con Dios es la
> necesidad del alma que está por encima de las demás
> necesidades. La oración es el comienzo de esa comu-
> nión, *George MacDonald: An Anthology* (George Mac-
> Donald: Una Antología), New York: Macmillan, 1948,
> 51-52).

Esto explica por qué debemos orar por nuestro matrimonio y nuestra vocación. Por eso también debemos orar
por nuestra salud. Por esa razón algunos no nos tratan con
la amabilidad que creemos merecer. La vida es difícil para
que aprendamos a recurrir a Dios con mayor urgencia.
Podemos hasta vivir con la oración no resuelta, siempre y
cuando las necesidades de nuestra alma sean satisfechas.
Dios siempre nos lleva más allá de nuestra petición inicial
para que veamos las cosas desde una perspectiva más
amplia. La meta siempre es que podamos acercarnos más
a Él.

Hemos aprendido que cuando Moisés estaba en el monte Sinaí, se enteró de la idolatría que había en el valle. El pueblo había hecho un becerro de oro y lo estaba adorando. Moisés estaba aterrado, porque había visto a Dios de cerca; conocía su belleza y santidad, pero también sabía que la idolatría era la máxima rebelión, y un insulto inexcusable.

Dios le dio a Moisés esta prueba: *Ahora, pues, déjame que se encienda mi ira en ellos, y los consuma; y de ti yo haré una nación grande* (Ex. 32:10). ¿Sería que Moisés, quien a menudo luchaba con la ira, estaría de acuerdo con esta sugerencia? En realidad el pueblo no merecía nada menos que la muerte, y si Dios iba a comenzar de nuevo con Moisés y su familia, Él encabezaría toda una nueva nación.

Moisés no estaba de acuerdo con la idea. Su ira estaba templada con misericordia. Y más aún, tenía mayor preocupación por la reputación de Dios que por su propio lugar en la historia. Mediante la oración, se nos introduce a tres niveles de oración que deben formar parte de nuestra experiencia. A medida que madura nuestra fe, podemos pasar de un nivel de oración a otro.

La oración pidiendo perdón

Moisés comenzó pidiéndole a Dios que perdonara el pecado de la nación. Él apeló a la reputación de Dios:

...Oh Jehová, ¿por qué se encenderá tu furor contra tu pueblo, que tú sacaste de la tierra de Egipto con gran poder y con mano fuerte? ¿Por qué han de hablar los egipcios, diciendo: Para mal los sacó, para matarlos en los montes, y para raerlos de sobre la faz de la tierra? Vuélvete del ardor de tu ira, y arrepiéntete de este mal contra tu pueblo (Ex. 32:11-12).

"¿Qué pensarán los egipcios?", preguntó Moisés. Los paganos de su época interpretarían mal las acciones de Dios. Se burlarían de Él y concluirían que no era capaz de cuidar de su propio pueblo. Su reputación quedaría empañada. Moisés quería que las naciones se maravillaran con Dios y no que despreciaran sus intenciones y su poder. Por eso le pidió que dejara su ardiente ira y renunciara a la idea de aniquilar al pueblo.

Claro está que aun hoy la impresión que algunos tienen de Dios está basada en el estilo de vida de sus seguidores. Muchos cambiarán de opinión en cuanto a El basados en la forma como viven los cristianos. Podemos *representarlo* bien, como alguien fiel, o mal, como alguien infiel. Nuestro mundo necesita con urgencia personas cuyas vidas irradien el mensaje de que se puede confiar en Dios.

Recuerde que Dios le dijo a David que su pecado había hecho que los enemigos del Señor blasfemaran (2 S. 12:14). Los burladores supieron del pecado de David y ridiculizaron su profesión de fe en Dios. Sin duda, se sintieron más cómodos con su propio pecado, pues sabían que uno de los siervos de Dios había cometido adulterio, y ordenado asesinar a un hombre.

Moisés estaba profundamente interesado en la forma como Dios sería percibido por las naciones vecinas. No creían que Israel era una nación escogida; si Israel era destruido, los paganos estarían seguros de que el Dios de Israel era débil e indigno de confianza. ¿Qué nación querría creer en el Dios cuyo pueblo había sido arrasado de la faz de la tierra? ¿Qué revelaría la destrucción de la nación en cuanto a su integridad? Si Dios no cumplía su pacto con quienes llamaba los suyos, los demás también serían traicionados. Moisés, en efecto, le dijo a Dios: "¡No *puedes* aniquilar a este pueblo!"

Al día siguiente, Moisés siguió intercediendo por su pueblo y oró: ...*que perdones ahora su pecado, y si no, ráeme ahora de tu libro que has escrito* (Ex. 32:32). F.B. Meyer, dijo:

> El no pudo confiar en sí mismo para representar las bendiciones que sobrevendrían como consecuencia de que Dios perdonara a su pueblo. Si es tu voluntad perdonarlos, libremente y sin el precio del rescate, tus nobles atributos serán notorios; entonces mi lengua cantará de tu bondad, y me comprometeré a servirte con nuevo entusiasmo; luego el pueblo con seguridad será tocado con el sentimiento de gratitud y amor.

Pero si Dios no estaba dispuesto a perdonar sus pecados, Moisés estaba listo a dar su propia vida por ellos. En efecto dijo: "¡Oh Dios, perdona sus pecados, y si no mátame!" Estaba dispuesto a ofrecerse a sí mismo como ofrenda por el pecado en esa cima. Cuando invita a Dios a borrarlo del "libro de la vida", no creo que se refiera al Libro de la Vida mencionado en el Nuevo Testamento. Probablemente se refiere al censo que contenía los nombres de todos los que habían salido de Egipto y se dirigían a la tierra prometida. Ese era el "libro" de quienes vivían. El pueblo no tenía idea del precio que Moisés estaba dispuesto a pagar para que fuera perdonado.

¡Piense en lo que una devoción así significaba para Dios! La ofrenda no fue aceptada, claro está. Por una parte, ningún ser humano puede morir por su propio pecado, mucho menos por el de otros. Por otra, Dios debía cumplir las promesas que había hecho y por lo menos mantener un remanente de los 12 hijos de Jacob.

Dios respondió a la oración de Moisés pidiendo perdón. Sí, algunos de los rebeldes morirían, pero la nación quedaría intacta, y podría con sus pecados perdonados, podían reanudar el viaje a Canaán (Ex. 32:32-35).

La oración de arrepentimiento representa los primeros pasos que damos en nuestro andar con Dios. Muchos cristianos le hablan sólo cuando hay algún pecado que molesta en sus conciencias. Dios existe sólo para limpiar la pizarra. Y lo hace, claro está, pero esa es sólo una pequeña parte de la historia.

Moisés luego pasó a una relación más profunda.

Oración por la presencia de Dios

Aunque Dios contestó a la oración de arrepentimiento de Moisés, le dijo que Él ya no acompañaría más al pueblo de Israel, pero que enviaría un substituto. *...y yo enviaré delante de ti el ángel, y echaré fuera al cananeo y al amorreo, al heteo, al ferezeo, al heveo y al jebuseo* (Ex. 33:2). Dios estaría con ellos en el sentido de que Él está en todas partes, pero la nube que simbolizaba su presencia se desvanecería y en su lugar un ángel sería enviado para desalojar a los cananeos de la tierra. Esta era una amarga decepción porque la presencia del Todopoderoso debía ser la señal más notoria de su pueblo.

Moisés estaba insatisfecho. Quería que la nube de gloria regresara a la tienda para guiar al pueblo. Por eso oró: *Ahora, pues, si he hallado gracia en tus ojos, te ruego que me muestres ahora tu camino, para que te conozca, y halle gracia en tus ojos; y mira que esta gente es pueblo tuyo* (Ex. 33:13). Moisés recurrió a su gran deseo de conocer a Dios más íntimamente. Sin la nube podría llegar a la tierra prometida, pero el gozo de la comunión con Dios se perdería. Moisés anhelaba la compañía de Dios.

Una vez más Dios contestó la oración de Moisés: *Mi presencia irá contigo, y te daré descanso* (Ex. 33:14). No se refería al descanso de Canaán, el cual Moisés no llegó a disfrutar mientras vivía, sino al descanso que reciben todos aquellos que esperan en Dios. Moisés respondió: *Si tu presencia no ha de ir conmigo, no nos saques de aquí. ¿Y en qué se conocerá aquí que he hallado gracia en tus ojos, yo y tu pueblo, sino en que tú andes con nosotros, y que yo y tu pueblo seamos apartados de todos los pueblos que están sobre la faz de la tierra?* (Ex. 33:15-16). Dios le dijo: "Dado que anhelas con tanta diligencia mi presencia, la nube de gloria regresará".

Moisés insistió en la necesidad de la presencia de Dios. Si Dios no enviaba su nube de gloria, Moisés no iría. Ningún lugar puede satisfacer sin Dios; ninguna riqueza puede satisfacer sin Dios; ningún placer puede satisfacer sin Dios. ¡*Mejor es estar en el desierto con Dios, que en Canaán sin Él*!

¿Qué efecto tendría la presencia de Dios? El pueblo experimentaría lo que otros sólo pueden imaginar: "La evidente presencia de Dios". Su proximidad apartaría a la nación para una bendición especial. Sin importar lo que pasara, ellos podían mirar la nube y saber que Dios estaba con ellos en cada tramo del camino.

Dios nunca abandona a su pueblo, pero a veces El altera la alegría que sentimos cuando estamos conscientes de su amor. Nuestro pecado interrumpe la comunión con El, contrista al Espíritu Santo y nos hace sentir que hemos sido abandonados a nuestro propio destino. Entonces regresamos a Dios arrepentidos, o seguimos distanciados de Él.

¿Compartimos el deseo vehemente que Moisés tenía de la presencia de Dios? ¿Cuando oramos le decimos: "No quier hacer nada hasta contar con tu presencia?" ¿O estamos empeñados en cumplir nuestros propios planes esté Dios en ellos o no? Moisés sabía, así como nosotros deberíamos saberlo, que no puede haber gozo en donde la presencia de Dios no es evidente.

Hasta ahora Moisés había pronunciado dos oraciones y el Señor las había contestado. Pensaríamos que él estaría satisfecho. Después de todo, ¿qué más se puede pedir? El pueblo fue perdonado y la nube que representaba la presencia de Dios volvió a su lugar para beneficio de la nación. Era el momento de continuar con el propósito de avanzar hacia la tierra prometida.

Pero Moisés seguía insatisfecho. Hizo una tercera petición que nos lleva al centro de lo que significa la oración.

La persona de Dios

Ahora Moisés se gradúa en el más alto nivel de oración: *Y Jehová dijo a Moisés: También haré esto que has dicho, por cuanto has hallado gracia en mis ojos, y te he conocido por tu nombre. El entonces dijo: Te ruego que me muestres tu gloria* (Ex. 33:17-18).

Del mismo Moisés que acababa de estar en la montaña con Dios, también leemos: *Y hablaba Jehová a Moisés cara a cara, como habla cualquiera a su compañero* (Ex. 33:11). Este era un hombre que podía conversar con Dios y recibir respuestas inmediatas. El tenía los privilegios que ningún otro hombre tenía. Pero aunque había disfrutado la compañía de Dios, ¡no estaba satisfecho! Pidió más de Dios, diciendo: "¡Oh Dios, muéstrame qué tanto de ti puedo tener!"

Y el Señor le respondió: *...Yo haré pasar todo mi bien delante de tu rostro, y proclamaré el nombre de Jehová delante de ti; y tendré misericordia del que tendré misericordia, y seré clemente para con el que seré clemente. Dijo más: No podrás ver mi rostro; porque no me verá hombre, y vivirá* (Ex. 33:19-20). Ver a Dios directamente sería como estar cerca del sol. Obviamente Moisés sería consumido. Acababa de hacer una petición imposible.

¿O no? Aunque nadie puede ver a Dios directamente, es posible ver una manifestación suya. Permítame preguntarle: ¿Ha visto su rostro hoy? La respuesta es tanto sí como no. Sí, hemos visto nuestras caras en un espejo, pero claro está que ninguno de nosotros se ha visto el rostro directamente.

La fe de Moisés se fortalecía con cada petición.

Dios le concedió a Moisés el deseo más profundo. Él le dijo:

...He aquí un lugar junto a mí, y tú estarás sobre la peña; y cuando pase mi gloria, yo te pondré en una hendidura de la peña, y te cubriré con mi mano hasta que haya pasado. Después apartaré mi mano, y verás mis espaldas; más no se verá mi rostro (Ex. 33:21-23).

Entonces a Moisés se le concedió la tercera petición. El recibiría una revelación especial de la hermosura de Dios. Su misma presencia pasaría cerca de él y podría entrever su gloria, la cual es la suma total de sus atributos; su belleza y su bondad.

¿Qué significó esa experiencia? Primero, Moisés tuvo el privilegio de una *mayor intimidad* con Dios, quien le había dicho: *...Te he conocido por tu nombre.* Y ahora se vuelve hacia Moisés y le dice: *...proclamaré el nombre de Jehová delante de ti...* Sólo imagine la belleza de esa relación. Así como Dios conocía a Moisés, éste sería llevado a una relación más profunda con Él.

¿Es bíblico decir que podemos tener una relación informal con Dios? Depende de cómo se interprete esa expresión. Si queremos decir que somos iguales, la respuesta es no. Pero si queremos decir que podemos ser amigos de Dios, hablarle directamente y escucharle responder por medio de su Palabra, la respuesta es sí. Podemos llamarle: "¡Abba! ¡Padre!"

Como resultado de esta nueva comprensión, Moisés experimentó la gracia de Dios, quien le dijo: *...y tendré misericordia... ...y seré clemente para con el que seré clemente* (Ex. 33:19). Literalmente la palabra *clemente* significa que Dios "se inclina" hacia la necesidad humana. La manifestación de la presencia de Dios pasando junto a Moisés, es un ejemplo hermoso del extraordinario amor de Dios por su siervo.

Segundo, Moisés experimentó la *transformación* de Dios. Cuando bajó de la montaña, su rostro resplandecía aunque él no tenía conciencia de ello. *Y aconteció que descendiendo Moisés del monte Sinaí con las dos tablas del testimonio en su mano, al descender del monte, no sabía Moisés que la piel de su rostro resplandecía, después que hubo hablado con Dios* (Ex. 34:29). Hasta su hermano Aarón tuvo miedo de acercársele.

Más tarde, cuando Moisés fue a la "reunión del campamento" el pueblo se reunió para contemplar la nube de gloria que descendía. Cuando estaba en la presencia de Dios, Moisés se quitaba el velo, pero cuando salía se lo ponía para que el pueblo no viera una gloria que con el tiempo se desvanecería. Quienes pasan tiempo con el Todopoderoso reflejan la gloria de Él en sus rostros, pero no se dan cuenta de ello.

Hacer el esfuerzo de ser humilde revela que aún no he alcanzado la humildad. La piedad inconsciente tiene la fragancia de Dios, mientras que la piedad forzada tiene el hedor de la hipocresía. La verdadera piedad no se puede fabricar; es algo que debemos dejar que Dios produzca en nosotros. La piedad inconsciente refleja su obra en el alma. Una antigua leyenda dice que los santos que meditan mucho en la crucifixión del Señor reciben en su misma carne las marcas de sus heridas.

Así como la luna no tiene luz propia, sino que sencillamente refleja la del sol, nosotros podemos reflejar la luz y la belleza de Dios. Podemos mostrar a la humanidad su valor por la forma como vivimos, y por lo que decimos.

Cuando hemos estado con Dios somos diferentes; cambia nuestro estado moral, nuestro estado de ánimo, deseos y metas. Enfrentamos la vida con valor y optimismo porque le conocemos. Y entre más le conozcamos mayor será nuestro anhelo por una mejor comunión con Él. ¿Satisfizo finalmente Moisés su alma? Sí, pero aún quería más. De hecho, aún después de que muere y es enterrado por Dios, quiere más de Él. Quince siglos más tarde, sigue disfrutando de su gloria.

Moisés no pudo entrar a la tierra prometida por su desobediencia (analizaré este tema en el siguiente capítulo). Pero, ¡después de todo sí entra a la tierra! Cristo le pidió a Pedro, Santiago y Juan que le acompañaran a la cima de la montaña. *...y se transfiguró delante de ellos, y resplandeció su rostro como el sol, y sus vestidos se hicieron blancos como la luz* (Mt. 17:2). ¡Y quiénes debían estar en esta histórica reunión; Moisés y Elías!

Moisés, por fin, no sólo entró a la tierra, sino que recibió otra revelación de la gloria de Dios. El hombre que siglos antes había orado, muéstrame tu gloria, aún no estaba satisfecho, así que Dios le dio una respuesta mayor a su oración.

Algunas de nuestras oraciones no tendrán plena respuesta en esta vida, pero sí en el futuro. Moisés no tenía ni idea de que su oración sería contestada de forma tan dramática y en un futuro tan lejano. Incluso hoy sigue deleitándose por la gloria de Dios, y algún día seremos invitados a unirnos a Él en una adoración muy gozosa.

Nuestra oportunidad de ver la gloria de Dios

Podríamos ser tentados a pensar: "¡Qué privilegio el de Moisés, pues tuvo una manifestación de la gloria de Dios!" En realidad podríamos lamentarnos porque nos tocó vivir la época actual durante la cual Dios no nos habla directamente. Podríamos sorprendernos porque deseamos haber vivido en los tiempos del Antiguo Testamento cuando las montañas se sacudían y la nube aparecía. O quizá con nostalgia deseamos haber vivido cuando Cristo estuvo en la tierra, porque lo hubiéramos podido ver directamente.

Dejemos de soñar despiertos. El hecho glorioso es que estamos viviendo en una época en la cual tenemos mayores oportunidades que las que tuvieron quienes vivieron en los tiempos bíblicos. Cierto, Moisés tuvo privilegios especiales, pero el numeroso pueblo tenía que mantenerse alejado de la montaña. Por el contrario, hoy todos los creyentes disfrutan los privilegios que en el tiempo de Moisés estaban limitados a unos pocos.

Pablo estuvo de acuerdo en que el ministerio de Moisés fue glorioso, pero cuando compara esos días con los nuestros, dice: *Por tanto, nosotros todos, mirando a cara descubierta como en un espejo la gloria del Señor, somos transformados de gloria en gloria en la misma imagen, como por el Espíritu del Señor* (2 Co. 3:18). Al igual que el Espíritu sobrepasa la ley escrita, y lo escrito en el corazón es mejor que lo escrito en una tabla de piedra, el ministerio de la gracia reemplaza el ministerio de Moisés que fue caracterizado por la ley.

"Todos" tenemos una *mayor oportunidad*. En el Antiguo Testamento Dios le pidió al pueblo mantenerse lejos. Debía permanecer lejos del Monte Sinaí y lejos del Santo de santos. Como ya lo dije, sólo los representantes de la nación podían acercarse, y aun así lo hacían con temor. Hoy, gracias a la obra de Cristo en la cruz, todos recibimos la invitación a acercarnos. *Así que, hermanos, teniendo libertad para entrar en el Lugar Santísimo por la sangre de Jesucristo... ...acerquémonos con corazón sincero, en plena certidumbre de fe, purificados los corazones de mala conciencia, y lavados los cuerpos con agua pura* (He 10:19, 22).

También tenemos un *mayor privilegio* porque podemos acercarnos *a cara descubierta*. Moisés se cubría porque no quería que la gente viera la gloria de su rostro que con el tiempo desaparecería. El velo era un recordatorio de que la experiencia era temporal. Contemplamos la gloria del Señor con el rostro descubierto porque nuestra aceptación por El es completa y permanente. Podemos acercarnos tal como somos, por los méritos de la sangre de Cristo.

Vemos con *mayor claridad, como en un espejo la gloria del Señor*. En el Antiguo Testamento veían la gloria

de Dios como si miraran en el agua. Cristo era representado por tipos y sombras, pero cuando se encarnó
reveló a Dios con claridad. Juan escribió: *Pues la ley por
medio de Moisés fue dada, pero la gracia y la verdad
vinieron por medio de Jesucristo. A Dios nadie le vio
jamás; el unigénito Hijo, que está en el seno del Padre,
él le ha dado a conocer* (Jn. 1:17-18). Cristo ha venido,
la Palabra de Dios está completa, y podemos ver la gloria
de Dios.

Finalmente, para nosotros hay una *mayor transformación. Somos transformados de gloria en gloria en la
misma imagen, como por el Espíritu del Señor.* La obra
que Dios hace en nuestros corazones prevalece en esta vida
y continuará hasta que veamos a Cristo cara a cara. En el
Antiguo Testamento el ministerio del Espíritu Santo estuvo
limitado por el alcance (no moraba en todos), y por la
duración (no moraba permanentemente). Cristo explicó
nuestra mayor ventaja: *Y yo rogaré al Padre, y os dará
otro Consolador, para que esté con vosotros para siempre*
(Jn. 14:16).

Algunos se sienten satisfechos con recibir el *perdón*
de Dios, que enfatiza los *regalos* de Dios. Otros avanzan a
un deseo por su *presencia*, lo que enfatiza la *guía* de Dios.
Al igual que Moisés ellos dicen: *Si tu presencia no ha de
ir conmigo no iré, no nos saques de aquí.* Pero hay otros,
posiblemente sólo unos pocos, quienes buscan afanosa-
mente tener una estrecha relación con el Altísimo, y
buscan vislumbrar su *gloria*. Esas personas descubren el
verdadero propósito de la oración.

Se nos invita a orar, no sólo para que nuestras necesidades sean suplidas, sino para entender que nuestra
necesidad suprema es de Dios mismo. Las necesidades nos
hacen orar, y nuestras oraciones nos impulsan a la adoración. Cuando nos sentimos satisfechos con Él, todo lo
demás tiende a alinearse para su gloria.

C.S. Lewis dijo que Dios es el "objeto que todo lo satisface". Nos acercamos a Él porque tenemos hambre, ¡pero necesitamos a nuestro Padre más de lo que necesitamos la comida! Entre más cerca estemos, más cerca queremos llegar.

"¡Señor, muéstrame tu gloria!".

Capítulo Trece

Fracaso y esperanza en la línea final

(Lea Números 20)

¿No sería maravilloso que los cristianos nunca falláramos? ¡Piense en cómo sería la vida si nunca nos enojáramos, hiciéramos inversiones poco sabias, o falsas promesas! No obstante todos conocemos a alguien que ha fracasado al sucumbir ante la indiscreción moral, la deshonestidad, y el odio. Todos conocemos de alguna forma el fracaso.

Aun Moisés falló cuando se acercaba el final de su distinguida carrera. Para entender los detalles, recordemos un incidente que comenzó unos 40 años antes al comienzo de la travesía por el desierto. Después de unas cuántas semanas en el desierto, la congregación se enojó porque no tenía agua para beber. No sólo culpó a Moisés, sino que riñó con él acusándolo de haberle llevado al desierto para dejarlo morir de sed. Él hasta pensó que lo apedrearían, pero cuando clamó a Dios recibió las siguien-

de ella aguas, y beberá el pueblo. Y Moisés lo hizo así en presencia de los ancianos de Israel (Ex. 17:6).

Esa vara que había adquirido durante los humillantes días en Madián le recordaba su tarea especial, pero también que era símbolo de poder. Podemos imaginar el júbilo que embargó a la multitud cuando fluyó el agua. La confianza de Moisés aumentó cuando vio con sus propios ojos la fidelidad de Dios. Pero debido a que el pueblo había puesto a prueba al Señor ahí, Moisés le dio al lugar dos nombres: Massah ("prueba"), y Meribah ("disputa").

Después de pasar dos años en el Monte Sinaí, algunos representantes del pueblo fueron a Cades-barnea a espiar la tierra que Dios les había dado. Desafortunadamente, 10 de los 12 espías trajeron un informe aterrador en cuanto a las ciudades amuralladas, los gigantes y las altas montañas. Las noticias produjeron incredulidad la cual se difundió por todo el campo, y Dios se enojó. Moisés rogó a Dios que perdonara al pueblo y Él lo hizo, pero también lo juzgó severamente: La nación divagaría por el desierto otros 38 años, tiempo suficiente para que la generación adulta muriera. Sólo los hijos y sus descendientes entraron en la tierra prometida.

Ahora debemos dar un salto hasta el final del período de 40 años cuando la nación estuvo preparada para cruzar el Jordán. Una vez más, la congregación contendió con Moisés porque tenía sed. Moisés le habló a Dios y él recibió la orden de sacar agua de la roca. Sólo que esta vez debía *hablarle* a la roca, no golpearla. Lea el relato:

Y porque no había agua para la congregación, se juntaron contra Moisés y Aarón. Y habló el pueblo contra Moisés, diciendo: ¡Ojalá hubiéramos muerto cuando perecieron nuestros hermanos delante de Jehová! ¿Por qué hiciste venir la congregación de Jehová a este desierto, para que muramos aquí nosotros y nuestras bestias? ¿Y por qué nos has hecho subir de Egipto, para traernos a este mal lugar? No es lugar de sementera, de higueras, de viñas ni de granadas; ni aun de agua para beber. Y se fueron Moisés y Aarón de delante de la congregación a la puerta del tabernáculo de reunión, y se postraron sobre sus rostros; y la gloria de Jehová apareció sobre ellos. Y habló Jehová a Moisés, diciendo: Toma la vara, y reúne la congregación, tú y Aarón tu hermano, y hablad a la peña a vista de ellos; y ella dará su agua, y les sacarás aguas de la peña, y darás de beber a la congregación y a sus bestias. Entonces Moisés tomó la vara de delante de Jehová, como él le mandó. Y reunieron Moisés y Aarón a la congregación delante de la peña, y les dijo: ¡Oíd ahora, rebeldes! ¿Os hemos de hacer salir aguas de esta peña? Entonces alzó Moisés su mano y golpeó la peña con su vara dos veces; y salieron muchas aguas, y bebió la congregación, y sus bestias. Y Jehová dijo a Moisés y a Aarón: Por cuanto no creísteis en mí, para santificarme delante de los hijos de Israel, por tanto, no meteréis esta congregación en la tierra que les he dado. Estas son las aguas de la rencilla, por las cuales contendieron los hijos de Israel con Jehová, y él se santificó en ellos (Nm. 20:2-13).

Obviamente Moisés había fallado. Por estar airado desobedeció las instrucciones precisas que el Señor le había dado. Y las consecuencias fueron más severas de lo que jamás hubiera imaginado.

Estudiemos este error desde tres perspectivas:

La perspectiva de Moisés

Sin duda Moisés tenía diversas razones que justificaban la pérdida de su paciencia. De hecho, golpear la roca pudo haberlo hecho sentirse bien; era una descarga emocional que creyó necesitar. Pudo haber estado aún resentido con el pueblo.

Cuando los israelitas aún estaban en Egipto, 80 años antes, se arriesgaba y los frecuentaba para observar el estado lastimero de aquellos esclavos, pero fue rechazado. Cuando mató al egipcio arriesgó su propia vida por el bien de ellos. Por no ser aceptado se sintió profundamente herido y rechazado. Esa cicatriz emocional necesitó de mucho tiempo para sanar.

Luego, durante 40 años fue apaleado por las quejas del pueblo cuya lealtad se desvanecía ante cada prueba que llegaba. Estaba cansado de su ira y falsas acusaciones. Esta vez el ataque era especialmente perverso. Ellos la emprendieron contra sus intenciones diciendo que los había llevado al desierto para que murieran allí. *¿Y por qué nos has hecho subir de Egipto, para traernos a este mal lugar? No es lugar de sementera, de higueras, de viñas ni de granadas; ni aun de agua para beber* (Nm. 20:5). ¡Claro está que el desierto no tenía fruta ni grano! ¡Esa era una descripción de la tierra prometida, no de la caliente y árida península del Sinaí!

Lo que más hirió a Moisés fue el darse cuenta de que la nueva generación no era mejor que la vieja, de la cual casi todos habían muerto. Los hijos actuaban como sus padres. ¿Si la vieja generación murió como resultado del juicio de Dios, qué esperanza había para esta nueva generación que repetía los mismos pecados? ¿Esta era la recompensa por su fiel liderazgo?

Podemos vernos reflejados en esta historia. Muchos de nosotros hemos experimentado la desilusión en nuestro andar con Dios, quejándonos de que no todo es como lo describe el Nuevo Testamento. Nos enteramos de otros que experimentan la fortaleza de Cristo, pero nos sentimos defraudados, insatisfechos, y espiritualmente vacíos. La razón, claro está, es que no nos hemos apropiado de sus promesas; no hemos estado con Cristo quitándole terreno al enemigo.

Moisés había soportado bastante. Tomó la vara como Dios se lo había ordenado, pero como Dios *no* se lo ordenó, golpeó la roca dos veces y el agua fluyó. Al ver brotar el agua probablemente Moisés vio este milagro como la confirmación de que su ira sería justificada.

Pero hay otro punto de vista.

La perspectiva de la congregación

¿Qué pensó la congregación al ver que Moisés golpeaba la roca? Fueron indiferentes ante esta airada reacción. Por un lado, probablemente no sabían que él había desobedecido a Dios. Es poco probable que Moisés le hubiera dicho al pueblo: "¡Dios me ha pedido que le hable a la roca, pero yo la voy a golpear!" Las masas no estaban enteradas de que su líder estaba perdiendo un examen crucial.

Sin reparos, la congregación se deleitaba porque el agua estaba fluyendo. La corriente era tan abundante que todo el pueblo y el ganado bebieron. Cuando uno está a punto de deshidratarse y obtiene agua, no le importan los detalles. ¿Si por golpear la roca había brotado agua, qué había de malo en ello? ¿Para qué preocuparse por un técnica?

Los líderes deben aprender que las masas quieren ver resultados a cualquier costo. Se nos dice que "la gente vota por el que más les promete". La moral de su líder, la sabiduría de sus teorías económicas, o aun su experiencia en los asuntos externos no es lo que gana las elecciones. Incluso se le quita el dinero a las futuras generaciones, porque la generación presente quiere lo que quiere y lo quiere ahora. No es importante cómo se obtiene, sino lo que obtiene.

Dichoso el líder que puede gobernar teniendo como base la rectitud, y no los resultados. Los resultados inmediatos son importantes, pero también las consecuencias futuras. Moisés aprendía.

La perspectiva de Dios

Dios veía todo de una manera distinta: *"Y Jehová dijo a Moisés y a Aarón: Por cuanto no creísteis en mí, para santificarme delante de los hijos de Israel, por tanto, no meteréis esta congregación en la tierra que les he dado* (Nm. 20:12).

Observe cómo Dios percibió esta desobediencia. Él dijo que Moisés no le había creído, y la incredulidad lo maltrata porque cuestiona si Él es digno de ser obedecido. La incredulidad irrespeta el carácter santo de Dios. Lo que parecía ser una infracción menor para los hombres, era una infracción seria en cuanto al honor de Dios. Como Dios estaba con ellos, las *palabras* que Moisés debía pronunciar habrían sido tan efectivas como su *vara*.

Como resultado, a Moisés y a Aarón se les dijo que no entrarían a la tierra prometida. El sueño de toda la vida murió.

¡Increíble! Un pecado de ira, un acto de desobediencia, y el anhelo de sus corazones se derrumba ante sus pies. Durante 40 años habían hablado de Canaán, y ahora sus pies no podían entrar allí. No se les permitiría terminar la tarea a la que fueron llamados. La muerte, una muerte prematura, intervendría antes de que pudieran poner un punto al final de la frase que habían estado escribiendo.

¿Fue este juicio demasiado severo? Desde nuestro punto de vista es difícil creer que Dios disciplinaría así a Moisés por un acto de ira descontrolada. Pero Dios nunca actúa sin razón. Su disciplina se ajusta perfectamente a la ofensa, aunque no entendamos todos los detalles.

Por un lado, esta roca simbolizaba a Cristo. Pablo escribió: *Porque no quiero, hermanos, que ignoréis que nuestros padres todos estuvieron bajo la nube, y todos pasaron el mar; y todos en Moisés fueron bautizados en la nube y en el mar, y todos comieron el mismo alimento espiritual...* (1 Co. 10:1-3). La primera vez Moisés recibió la orden de golpear la roca, porque Cristo sería herido en la cruz. Pero después de su muerte, sólo es necesario hablarle a la roca para recibir su refrescante ayuda. Moisés violó ese bello tipo de Cristo en el Antiguo Testamento.

Posiblemente Moisés no comprendió este simbolismo, pero debió haber entendido que no necesitamos saber por qué Dios da un mandamiento. El Todopoderoso pudo haber tenido razones ocultas que sobrepasan la esfera del entendimiento humano. Al fin y al cabo, la meta final de sus mandatos sólo la conoce Él. El Señor dijo que Moisés no lo había "santificado".

Moisés gozaba de tal intimidad con Dios que sabía lo importante que era para Él la obediencia. Era, después de todo, el único a quien Dios hablaba, "como un hombre habla con su amigo". Se le había permitido conocer a Dios mejor que a cualquier otro ser humano. La desobediencia violaba esa amistad especial.

Sí, el agua fluyó, pero esto no significó que Dios estaba contento con lo que Moisés había hecho. Nuestra generación pragmática debe aprender que los resultados no son lo único que importa; para Dios, el proceso es con frecuencia tan importante como el resultado final. *La bendición de Dios no siempre demuestra su aprobación.*

Está el caso del creyente que se casa con un inconverso, desobedeciendo la enseñanza clara de la Biblia al respecto, y sin embargo experimenta la bendición de Dios. Quizá el cónyuge llegue a conocer a Cristo como Salvador y los hijos sirvan a Dios, pero aún así, Dios se entristeció por la desobediencia inicial.

Dios, por su misericordia, con frecuencia parece bendecir la desobediencia. Un pastor que sostenía una aventura adúltera dijo que se sentía tan confundido porque a pesar de su pecado la iglesia seguía creciendo. Con el tiempo, claro está, fue descubierto y su pecado le costó mucho más de lo que había imaginado. La lección aquí es que no podemos juzgar una acción por sus consecuencias a corto plazo.

Moisés no estaba dispuesto a aceptar el no de Dios como respuesta. Como más tarde lo explicó, le suplicó a Dios: *Pase yo, te ruego, y vea aquella tierra buena que está más allá del Jordán, aquel buen monte, y el Líbano. Pero Jehová se había enojado contra mí a causa de vosotros, por lo cual no me escuchó; y me dijo Jehová: Basta, no me hables más de este asunto* (Dt. 3:25-26). No importaba lo mucho que lamentara haber golpeado aquella roca; él sabía que el pasado era inmodificable. Se le dijo que dejara de orar por ese asunto y que sencillamente lo aceptara. Dios había hablado, y por eso el asunto estaba cerrado.

Moisés reflexiona

Durante aquellos melancólicos días Moisés escribió el Salmo 90. El hace reminiscencias en cuanto al sentido de la vida y cómo vivir con los remordimientos. Considera la fidelidad de Dios, pero también la fragilidad del hombre. Medita la rapidez con que ha pasado todo, y lo diferente que pudo haber sido.

Primero: comienza haciendo un paralelo entre nuestra fragilidad y la eternidad de Dios: *Señor, tú nos has sido refugio de generación en generación. Antes que naciesen los montes y formases la tierra y el mundo, desde el siglo y hasta el siglo, tú eres Dios* (Sal. 90:1-2). El Todopoderoso existe desde la eternidad; Él no fue creado, ni espontáneamente llegó a existir. Siempre ha estado ahí. Y claro está, existirá por siempre. Podemos entender la eternidad futura, pero no la eternidad pasada. La idea de que Dios no tuvo comienzo nos parece completamente inconcebible.

En cuanto al hombre: *Vuelves al hombre hasta ser quebrantado, y dices: Convertíos, hijos de los hombres. Porque mil años delante de tus ojos son como el día de ayer, que pasó, y como una de las vigilias de la noche*

(Sal. 90:3-4). Dios siempre está ahí, pero el hombre regresa al polvo. Somos como la hierba que brota en la mañana y se marchita en la noche. Vivimos 100 años y creemos que hemos vivido un buen tiempo, pero para Dios es como un momento. Mil años son como un día.

Segundo: compara nuestro pecado con la santidad de Dios. Cinco veces usa las palabras *furor, ira* o *indignación*. Por ejemplo, escribe: *Porque con tu furor somos consumidos, y con tu ira somos turbados. Pusiste nuestras maldades delante de ti, nuestros yerros a la luz de tu rostro* (Sal. 90:7-8). Él está meditando en la ira de Dios ante la desobediencia, quizá hasta en su propia desobediencia cuando golpeó la roca. Incluso nuestros pecados secretos, dice, son expuestos a la luz de la presencia de Dios.

Con razón escribe: *Enséñanos de tal modo a contar nuestros días; que traigamos al corazón sabiduría* (Sal. 90:12). Deberíamos meditar en lo pocos que son nuestros días, como lo hizo David cuando oró: *Hazme saber, Jehová, mi fin, y cuánta sea la medida de mis días; sepa yo cuán frágil soy* (Sal. 39:4). Necesitamos con urgencia sabiduría para admitir, lo mejor posible, los pocos días que tenemos.

Moisés finaliza el Salmo 90 reflexionando sobre nuestros más profundos anhelos y la necesidad de la gracia de Dios. Lo anhelamos, pero parece que nunca estuviéramos satisfechos. Dios ha puesto eternidad en nuestros corazones; sin embargo al mirar a nuestro alrededor no vemos más que cambio y deterioro. Las obras de nuestras manos pronto son borradas, pues ya no se nos recuerda después de la muerte. Nos frustramos, porque por más que tratemos no podemos alcanzar la permanencia que anhelamos tan fervientemente. *Alégranos conforme a los días que nos afligiste, y los años en que vimos el mal. Aparezca en tus siervos tu obra, y tu gloria sobre sus hijos* (Sal. 90:15-16).

Concluye diciendo que sí podemos tener permanencia si lo que hacemos es hecho para Dios. *Sea la luz de Jehová nuestro Dios sobre nosotros, y la obra de nuestras manos confirma sobre nosotros; sí, la obra de nuestras manos confirma* (Sal. 90:17). Al final de nuestros días cualquier cosa que fue realmente hecha para Dios permanecerá.

Por favor observe que Dios satisfizo los deseos de Moisés, aun después de su fracaso en el desierto. Dios no abandona a su pueblo cuando se desvía de su camino hacia la tierra prometida. Cuando fracasamos en nuestras metas externas, Dios comienza su obra en el corazón.

Hoy podemos ser reconciliados con Dios porque Jesucristo unió el polvo y la deidad; Él es nuestro representante, el mediador, quien nos acerca a Dios. Él dijo que aun un vaso de agua fría dado en su nombre no perdería su recompensa.

En 1984 una mujer llamada Niro Asistent sufrió una enfermedad que sometía su cuerpo a altas temperaturas, intensos escalofríos, ataques de temblores, y mucho dolor en el cuello, los brazos y las piernas. Al año siguiente, a su amante, quien no le había contado que era bisexual, le fue diagnosticado SIDA. A Niro también le diagnosticaron el virus, y un consejero le advirtió que le quedaban 18 meses de vida. "Quedé paralizada", dijo. "Nadie lo prepara a uno para esto". Unas cuantas semanas más tarde, ella calculó que le quedaban 492 días de vida.

Pero esta sentencia de muerte se convirtió en una voz de alerta. Escribió: "Cuando acepté honestamente el hecho de que mi sistema inmune se iba deteriorando lentamente, y que moriría en menos de 18 meses, la ilusión de vivir, de repente fue arrancada para siempre como un velo de mi rostro". Como ahora entendía que: "Cada día que pasara nunca regresaría, algo cambió dentro de mí. De repente cada día era precioso para mí. No se trataba de una comprensión intelectual, era una experiencia real que hacía de cada momento un tiempo sagrado... No había más tiempo que perder soñando lo que sería, o lamentándome por lo que no había sucedido. Era completamente cons-

ciente de que tenía un número finito de días (como todos),
así que opté por reorganizar mi vida de acuerdo con ello"
The Chicago Tribune (Tribuna de Chicago), 22 de agosto
de 1993. Ella decidió vivir plenamente cada momento, y
expectante advertir los sonidos e impresiones que la rodeaban, al igual que sus sentimientos. Increíble, mientras
escribo este libro, ella continúa con vida.

Viviríamos de una forma muy diferente si recordára-
mos que nuestra existencia es temporal, que nuestros días
están contados. Si supiéramos cuánto tiempo nos queda,
seríamos motivados a hacer que cada día no pasara inad-
vertido. Claro está, Dios tiene nuestros días contados y
cada día es descontado uno más. El hecho de que no
sepamos cuántos días nos quedan, debería ser una motivación aún mayor a fin de vivir cada día para Dios. Mañana
podría ser nuestro último día.

Hace poco asistí al funeral de un hombre que había
abandonado a su esposa, con quien había estado casado
por 20 años, para irse con otra mujer. Después de que
finalizaron sus respectivos divorcios, se casaron, legiti-
mando su relación amorosa. Pero, increíble, después de
sólo tres meses de matrimonio él murió de un ataque
cardíaco. Pienso cuán diferente habría vivido si hubiera
sabido que moriría tan de repente siendo aún relativamen-
te joven. Quizá se habría quedado con su primera esposa,
a pesar de lo terrible que fuera su matrimonio, si hubiera
sabido que esta prueba pronto terminaría. Sólo podemos
especular en cuanto a cómo serán manejados tales asuntos
en el tribunal de Cristo.

Moisés se preparó para morir depositando dentro del
arca del pacto el libro que había escrito, y entrenando a
Josué para que lo reemplazara. Hasta el final, exhortó a su
pueblo recordándole la fidelidad de Dios, y advirtiéndole
acerca de su juicio. El libro de Deuteronomio es una bella
combinación de historia y doctrina práctica.

Dios dispuso el juicio de Moisés con misericordia. Le pidió a su fiel siervo que fuera con él al Monte Nebo; a la cumbre del Pisga, que está frente a Jericó, y le mostró la tierra al norte, al sur, al oriente y al occidente, hasta el mar. Moisés vio incluso el desierto, y las palmeras de Jericó. Luego murió y Dios mismo lo enterró, sin confiarle a nadie, hombre o ángel, el lugar de su sepultura. Murió "conforme al dicho de Jehová", en un sitio desconocido, a fin de que la gente pusiera su atención en el cielo:

> *Subió Moisés de los campos de Moab al monte Nebo, a la cumbre del Pisga, que está enfrente de Jericó; y le mostró Jehová toda la tierra de Galaad hasta Dan, todo Neftalí, y la tierra de Efraín y de Manasés, toda la tierra de Judá hasta el mar occidental; el Neguev, y la llanura, la vega de Jericó, ciudad de las palmeras, hasta Zoar. Y le dijo Jehová: Esta es la tierra de que juré a Abraham, a Isaac y a Jacob, diciendo: A tu descendencia la daré. Te he permitido verla con tus ojos, más no pasarás allá. Y murió allí Moisés siervo de Jehová, en la tierra de Moab, conforme al dicho de Jehová. Y lo enterró en el valle, en la tierra de Moab, enfrente de Bet-peor, y ninguno conoce el lugar de su sepultura hasta hoy. Era Moisés de edad de ciento veinte años cuando murió; sus ojos nunca se oscurecieron, ni perdió su vigor (Dt. 34:1-7).*

Por alguna razón, desconocida para nosotros, el mismo diablo disputó con Miguel, el arcángel de Dios por el cuerpo de Moisés (Jud. 9).

Las transgresiones de Moisés habían sido perdonadas. La vara que había sido santificada por Dios cayó y quedó quieta. El hombre cuyas oraciones habían llevado las plagas a Egipto y un viento que dividió las aguas del Mar Rojo, ahora estaba muerto.

Hoy Moisés contempla la gloria de Dios con mayor claridad. El hombre que anhelaba estar tan cerca como fuera posible de Dios, estando en la tierra, ahora está tan cerca como nunca en el cielo. Su vida es un recordatorio vivo de que cuando dejamos los placeres del pecado, durante esta vida, somos bendecidos con las riquezas de Dios por la eternidad.

Guía de estudio personal y en grupo

Para estudio personal

Siéntese en su silla favorita con su Biblia, un lápiz o bolígrafo, y este libro. Lea un capítulo, marque las partes que le parecen importantes, y escriba en los márgenes. Observe con qué partes está de acuerdo y con cuáles no, o en cuáles cuestiona al autor. Busque pasajes relevantes de las Escrituras, y luego pase a las preguntas que aparecen en esta guía de estudio. Si quiere llevar un registro escrito de su progreso, use un cuaderno para escribir sus respuestas, ideas, sentimientos y preguntas adicionales. Refiérase al texto y a las Escrituras, a medida que permite que las preguntas estimulen su manera de pensar. Ore pidiéndole a Dios que le dé una mente que discierna la verdad, que tenga una preocupación activa por otros, y un creciente amor por Él.

Para estudio en grupo

Planee con Anticipación. Antes de reunirse con su grupo, lea y marque el capítulo como si se estuviera preparando para el estudio personal. Dele un vistazo a las preguntas, y haga observaciones mentales sobre cómo podría contribuir a la reflexión del grupo. Lleve una Biblia y el texto a sus reuniones.

Cree un Ambiente que Promueva el Análisis. Las sillas cómodas organizadas en círculo invitan a las personas a hablar. Un ambiente así dice: "Estamos aquí para escuchar y responder, y para aprender juntos". Si es el líder, sencillamente siéntese donde pueda mantener el contacto visual con cada persona.

La Puntualidad es Clave. Para muchos el tiempo tiene tanto valor como el dinero. Si se alarga (porque comenzó tarde), las personas se sentirán tan robadas como si les hubiera saqueado sus billeteras. Por eso, a menos que sea por mutuo acuerdo, comience y finalice a tiempo.

Involúcrelos a Todos. El aprendizaje en grupo funciona mejor si todos participan más o menos de manera equitativa. Si es *un hablador* por naturaleza, deténgase antes de que se involucre en la conversación. Luego pregúntele a una persona callada, qué opina. Si *sabe escuchar* por naturaleza, no dude e involúcrese en la discusión. Otros se beneficiarán con sus ideas, pero sólo si las pronuncia. Si es un *líder*, asegúrese de no dominar la sesión. Claro está, aunque haya repasado la lección con anticipación, no asuma que las personas están ahí sólo para escucharlo, aunque la idea es bastante lisonjera. Por el contrario, ayude a los miembros del grupo a que descubran por sí mismos. Haga preguntas, pero comparta sus ideas sólo cuando sea necesario llenar los vacíos.

Lleve un Ritmo de Estudio. Las preguntas han sido diseñadas para una sesión de 60 minutos. Las preguntas de las secciones anteriores conforman el marco de discusión para las posteriores, por eso no se apresure, pues podría perder bases valiosas. Las preguntas posteriores, sin embargo, a menudo hablan del aquí y ahora. Por eso no pierda mucho tiempo al comienzo, para que le alcance cundo tenga que hacer su "aplicación personal". Aunque el líder debe asumir la responsabilidad de controlar el tiempo dedicado a cada pregunta, los integrantes del grupo también deben ayudar para que el estudio se mueva a un buen ritmo.

Oren los Unos por los Otros Juntos, y Cuando estén Solos. Luego vean la mano de Dios obrando en todas sus vidas.

Cada sesión incluye las siguientes características:

Tema de la Sesión: Una breve frase que resume la sesión.

Integración: Una actividad para conocer el tema de la sesión y/o conocernos mutuamente.

Preguntas: Una lista de preguntas que motivan la investigación y la aplicación individual o en grupo.

Enfoque de la Oración: Sugerencias para convertir el aprendizaje personal en oración.

Actividades Opcionales: Ideas suplementarias que reforzarán el estudio.

Tarea: Actividades de preparación para hacer antes de la siguiente sesión.

La Vida en periodo de disciplina

Tema de la Sesión

El sufrimiento es un maestro imprescindible en esta vida.

Integración (escoja un tema).

1. ¿Cuáles son algunas estrategias que usa para mantenerse en calma cuando la vida parece detenerse?

2. ¿Quién le ha impactado con su ejemplo de paciencia y confianza durante épocas difíciles o vacías? ¿Qué es lo que más le impacta de esa persona?

Preguntas de exploración en grupo

1. Aunque probablemente ninguno de nosotros viva tanto como Moisés, 120 años, todos nos podemos identificar con sus altibajos. ¿Cuáles son algunos de los altibajos que tenemos en común?

2. Lutzer describe los 40 años que Moisés fue pastor como: "vida en la zona de disciplina" ¿Qué quiere decir él con esto?

3. La Biblia da ejemplos de muchas personas que estuvieron en la "banca de los suplentes" un buen tiempo antes de que Dios obrara por medio de ellos (Abraham, Daniel y Pablo). Teniendo tales ejemplos, ¿por qué cree que aún nos cuesta tanto pasar los momentos cuando parece que Dios está lejos?

   ¿Qué dice en cuanto a nuestra impaciencia, la forma cómo compara nuestra percepción del tiempo, con la de Dios?

4. Describa un momento cuando vio (con el beneficio de la retrospección) como Dios lo sacó del campo de "juego" por unos instantes.

   ¿Cómo lo capacitó Dios durante ese tiempo fuera para jugar de acuerdo con su reglamento una vez que volvió al campo de juego?

   ¿Cómo llegó a conocer mejor a Dios debido a esa experiencia?

5. Cuando Moisés huyó de Egipto pasó de la riqueza a la miseria. Si a usted le hubiera pasado lo mismo, ¿cómo cree que se hubiera sentido durante los primeros días pastoreando las ovejas? ¿Podría haber reaccionado de manera diferente después de varios años?

6. ¿Cómo responde a la afirmación: "El sufrimiento es un maestro imprescindible?"

7. ¿Cuál es la importancia de su relación con Dios y la forma como interpreta el tiempo en la "zona de disciplina?"

8. ¿Cómo describiría la diferencia entre el conocimiento y la sabiduría?

9. Con base en Éxodo capítulo 2 mencione algunos ejemplos de conocimiento y sabiduría.

10. Lutzer dice: "No permita que Satanás lo convenza cuando le dice que sus fracasos son inútiles". Señale un ejemplo con el cual podría seguir este consejo.

Enfoque de la oración

- Lea el Salmo 65:2-4, en voz alta.

- Dele gracias a Dios por los momentos cuando lo ha disciplinado (así como lo hace un padre con su hijo) a fin de enseñarle más acerca de Él.

- Pídale a Dios que le ayude a confiar en Él en medio de estas experiencias, para que pueda ser un ejemplo de su amor.

Actividades opcionales

1. Piense en un conocido que ahora se encuentra en "la zona de disciplina". Esfuércese por animar a esa persona a seguir confiando, sirviendo y obedeciendo a Dios. Comparta con humildad las ideas que tiene sobre el ejemplo de Moisés.

2. Estudie la vida de un personaje bíblico que fue capacitado por Dios durante un largo período de espera (por ejemplo Abraham, Daniel o Pablo). Registre en un cuaderno sus opiniones.

Tarea

1. Memorice Hebreos 12:5-6.

2. Lea el capítulo 2 de *Acercándose cada vez más a Dios*.

¡Excusas! ¡Excusas!

Tema de la Sesión

Cuando Dios le confía a su pueblo una tarea, Él suple lo necesario para llevarla a cabo.

Integración (escoja un tema).

1. ¿Cuáles de las excusas de Moisés se parecen más a las suyas?: No soy apto; no sé lo suficiente; seré rechazado; no tengo ningún talento natural; o no quiero ir. Explique su respuesta.
2. Lutzer dice: "Si fuera por nosotros nunca buscaríamos a Dios". ¿Qué opina?

Preguntas de exploración en grupo

1. Al igual que Moisés, a veces sacamos excusas para no seguir a Dios. ¿Cuáles excusas ha escuchado? ¿Cree que son razones valederas para no seguirle? Explique su respuesta.
2. A menudo cuando pronunciamos nuestras excusas *oímos* en ellas nuestra falta de confianza en Dios. ¿Qué le han enseñado sus excusas en cuanto a sí mismo?

¿Qué ha aprendido en cuanto a Dios?

3. ¿Cuándo ha tenido la oportunidad de motivar a alguien para que confíe en Dios basado en la forma como Él ha obrado en usted, a pesar de sus temores?

4. Repase una vez más la conversación entre Dios y Moisés en Éxodo 3 y 4. ¿Qué aspectos de este encuentro descubre que son poco acostumbrados o únicos en unos cuantos personajes de la Biblia?

5. Siempre es bueno entender lo que estaba sucediendo en la época cuando un pasaje bíblico fue escrito antes de buscar cómo lo podríamos aplicar a nuestra situación. Con esto en mente, ¿qué aspectos de la conversación entre Moisés y Dios parecen aplicables a los hombres y las mujeres de todos los tiempos?

6. ¿Cómo resumiría la perspectiva de Moisés en Éxodo 3 y 4?

7. Lutzer señala que Dios pudo haber escogido a alguien con una hoja de vida mejor que la de Moisés, pero no lo hizo. ¿Por qué cree que Dios escogió a Moisés?

8. ¿Las respuestas a la pregunta siete lo motivan a usted y a la iglesia, a reconsiderar su criterio en cuanto a los requisitos para los líderes del pueblo de Dios?

   Mencione algunos de los criterios bíblicos para el liderazgo.

   ¿Cómo espera que lo traten los demás cristianos cuando peca y se arrepiente?

9. ¿Qué prometió hacer Dios por su pueblo, y qué por Moisés?

10. ¿Por qué las promesas de Dios son suficientes para llevar a cabo la labor encomendada?

   ¿Cómo pueden fortalecerle estas verdades en cuanto a Dios, para seguirlo más de cerca?

Enfoque de la Oración

- Mencione algunos ejemplos sobre cómo Dios le cumple sus promesas a su pueblo.

- Dele gracias a Dios porque sus promesas son seguras y confiables.

- Pídale a Dios que lo perdone por aquellas oportunidades cuando ha inventado excusas para no seguir su dirección.

- Pídale a Dios que le ayude a ser fiel hoy, para que al final conozca la alegría de oírle decir: *Bien buen siervo y fiel...*

Actividades Opcionales

1. ¿Hay alguien conocido que pecó y se arrepintió, pero a quien usted no ha perdonado aún? Pídale a Dios que lo perdone por no extender a esa persona la misericordia con la cual usted ha sido tratado. Piense en la forma como podría mostrarle a esa persona la realidad del perdón de Dios por el pecado (Por ejemplo, involucrarse los dos en un ministerio de la iglesia).

2. ¿Cómo ve la dirección de Dios en este punto de su vida? Haga una lista de sus "excusas principales" para no seguir en esa dirección. Pídale a Dios que tome esas *excusas* y las transforme en *razones* para confiar plenamente en su gracia a medida que avanza obedeciéndole.

Tarea

1. Medite esta semana en Éxodo 4:11. Anote sus preguntas y opiniones.

2. Lea el capítulo 3 de *Acercándose cada vez más a Dios*.

3

Misterio de los métodos de Dios

Tema de la Sesión

Dios tiene métodos misteriosos, pero ha revelado mucho de sí para que podamos conocerle.

Integración (escoja un tema).

1. ¿Qué tanto conoce a Dios?

   ¿Qué criterios utiliza para medir ese grado de conocimiento?

2. ¿Cómo llega la gente a conocer a Dios?

   ¿Algunas formas son mejores que otras? Explique su respuesta.

Preguntas de exploración en grupo

1. ¿A quién conoce mejor?

   Cuando dice: "Yo conozco a_____", ¿qué quiere decir?

   ¿Cómo llegó a conocer a esa persona?

2. Explique las similitudes entre conocer a una persona y conocer a Dios.

3. Recuerde una oportunidad durante la cual pensó que realmente conocía a Dios y luego Él lo sorprendió. Describa la situación. ¿Cómo reaccionó?

4. Lutzer nos recuerda el hecho de que "no saber todo con respecto a Dios no significa que no podamos saber *algo* de Él". Dios ha revelado mucho de sí mismo en las Escrituras. ¿Qué aprendemos de Dios en las Escrituras? (Podría serle de ayuda recordar el orden de los libros de la Biblia).

5. En Éxodo 4:18-31, Dios le enseñó a Moisés más acerca de sí mismo. ¿Qué le enseñó directa e indirectamente?
   Si conoce el resto de la historia, ¿por qué supone que Moisés necesitaba conocer estos atributos de Dios?

6. Lutzer observa que Moisés aprendió lecciones importantes sobre la soberanía, santidad y fidelidad de Dios. Defina cada uno de esos términos de tal forma que tengan sentido para la persona que está iniciando la vida cristiana.

7. ¿Cómo se está manifestando la soberanía de Dios en su vida?
   ¿Cómo se relaciona su capacidad para escoger y la soberanía de Dios? (Los teólogos han debatido esta misteriosa combinación durante siglos; únase a ellos añadiendo sus propias ideas).

8. Proverbios 21:1 dice: *Como los repartimientos de las aguas, así está el corazón del rey en la mano de Jehová; a todo lo que quiere lo inclina.* En el caso de Faraón, el ejemplo moderno de un gobernador malvado, ¿cómo obra Dios por medio de la gente buena *y* la mala?

9. Lutzer observa: "No importaba lo poderoso que pareciera Faraón, este rey pagano estaba en las manos del

Todopoderoso". ¿Cómo lo estimula esa realidad, a veces confusa, a pensar diferente en cuanto a alguna persona o situación difícil en su vida?

10. Entre más conocemos a Dios y andamos por la vida bajo la dirección del Espíritu Santo, más apreciamos sus misteriosos métodos. ¿Qué le maravilla de Dios? ¿Cómo puede aplicar esa apreciación de Dios en su situación actual?

Enfoque de la Oración

- Dele gracias a Dios porque ha escogido revelarse a sí mismo ante la humanidad por medio de las Escrituras y su hijo Jesucristo. Él no se ha escondido, pues desea que lo conozcamos.

- Ore para que la iglesia proclame con fidelidad la revelación de Dios al mundo.

- Pídale a Dios que le ayude a conocerlo mejor.

Actividades Opcionales

1. Lea uno de los libros cristianos sobre el tema de la soberanía de Dios y el libre albedrío (por ejemplo, el libro de Martín Lutero: *Bondage of the Will (Cautiverio de la Voluntad)*.

2. Estudie la enseñanza de Pablo sobre la soberanía de Dios en Romanos 9:1-24. Anote las observaciones y preguntas en su cuaderno.

Tarea

1. Memorice Romanos 9:15-16.

2. Lea el capítulo 4 de *Acercándose cada vez más a Dios*.

4

Derribando los ídolos

Tema de la Sesión

Dios merece toda nuestra devoción.

Integración (escoja un tema).

1. ¿Si ha viajado a otros países, qué diferencias observó entre las formas de idolatría de su país y las de la otra cultura?
2. ¿Cuáles son algunas cosas positivas que podemos aprender de nuestros ídolos?

Preguntas de exploración en grupo

1. Repase Éxodo 6 al 10. ¿Cuáles son los principales personajes en este famoso recuento de las plagas de Egipto? ¿Qué papel jugó cada personaje?
2. ¿Cómo resumiría el tema central de este drama?
   ¿Por qué cree que Dios quiso liberar a su pueblo de esta forma?
3. ¿Qué fue lo nuevo que aprendió, o le impactó, mientras leía el relato en este capítulo del libro de Lutzer?

¿Por qué esta idea es significativa para usted?

4. ¿Cuál era, según Lutzer, el significado de las plagas?

5. ¿Por qué era tan importante que el pueblo de Dios entendiera el juicio divino, su carácter único y su carácter celoso, y tomara medidas al respecto?

   ¿Por qué sigue siendo tan importante entender estas características de Dios?

6. ¿Considerando la naturaleza de Dios, ¿por qué Él aborrece tanto la idolatría?

   Imagínese que le está hablando a una persona que no conoce a Jesucristo como su Salvador. ¿Cuáles son algunas de las verdades importantes que debe recordar cuando le trata de explicar a dicha persona, de manera sensible y sincera, la forma como Dios ve las religiones?

7. ¿Cuáles son los "ídolos" de su vida que lo distraen de la completa devoción a Dios?

   ¿Cómo pueden estos ídolos proporcionarle satisfacción temporal, y a la vez dejarlo insatisfecho? ¿Por qué cree que a veces confía más en estos ídolos que en Dios?

8. ¿Qué ídolos modernos menciona Lutzer?

   ¿Qué opina de las personas que adoran los ídolos que relaciona Lutzer?

9. Dios es el único digno de nuestra devoción y adoración. ¿Quién es Dios y qué lo hace merecedor del derecho a exigir nuestra devoción?

10. Varias veces Lutzer afirma que Dios juzgará la idolatría; si no en esta vida, con seguridad en la futura. ¿Cómo lo anima este hecho, junto con la promesa de que el cielo será la recompensa para los fieles, a dejar a un lado los ídolos y acercarse más a Dios ahora?

Enfoque de la oración

- Dele gracias a Dios porque lo que Él se propone alcanzar en y por medio de su pueblo con toda seguridad será una realidad.

- Ore por todo el pueblo de Dios para que seamos la luz del mundo, de tal forma que lo reverenciemos con firme devoción.

- Entréguele a Dios cualquier área de su vida en la cual esté batallando con la idolatría.

Actividades opcionales

1. Pídale a un amigo que le ayude en una de las áreas que identificó en la pregunta siete.
2. Medite esta semana en Éxodo 20:1-6, y anote sus observaciones.

Tarea

1. Esta semana, solo o con un amigo, realice el siguiente ejercicio: Cada vez que vea un aviso por televisión, en una revista, en un periódico, o en la cartelera, trate de identificar la promesa falsa que hace si sólo lo "adora".
2. Lea el capítulo 5 de *Acercándose cada vez más a Dios*.

5

Redimidos a un alto costo

Tema de la Sesión

Dios usó la Pascua para mostrar que era necesario un sacrificio perfecto para poder quitar el pecado.

Integración (escoja un tema).

1. ¿Si alguna vez fue testigo de un desastre natural (una ventisca, un terremoto, una inundación, un tornado o un huracán). ¿Cómo lo afectó esa experiencia?
2. ¿Qué nuevo conocimiento ha obtenido en su estudio sobre cómo Dios envió las plagas contra Egipto?

Preguntas de exploración en grupo

1. Antes de que Dios enviara el ángel de la muerte, mandó otras nueve plagas. ¿Cuáles fueron? (antes de repasar el texto trate de decirlas de memoria).
2. ¿Por qué cree que la última plaga que envió Dios fue el ángel de la muerte durante la cual murieron los primogénitos de toda familia egipcia?
3. ¿Si usted hubiera sido un egipcio durante esa época cómo hubiera reaccionado ante esas plagas?

   ¿Cómo hubiera reaccionado siendo un israelita?

4. Repase Éxodo 12 y describa cómo se preparaban los hebreos para la Pascua.

5. Lutzer observa que quienes entendían el significado de la Pascua pudieron reconocer a Jesucristo cuando vino. ¿Qué paralelos observa entre la Pascua y Jesucristo?

6. ¿Qué imágenes o símbolos parecen ser particularmente importantes para usted cuando compara la Pascua con la vida de Jesucristo?

7. ¿Por qué a los hebreos, aquellos que Dios escogió como ejemplo para las naciones, se les dijo que conmemoraran la Pascua?

   ¿Cuáles eventos de su vida conmemora? ¿Por qué son tan importantes para usted?

8. A menudo la Biblia habla del juicio de Dios en relación con el pecado. ¿Por qué fue necesaria una muerte expiatoria, primero con un cordero simbólico y luego Cristo, para salvar al pueblo?

9. Lutzer dice: "Fuimos llamados a ser peregrinos y no turistas". ¿Qué diferencias hay entre un turista y un peregrino?

   ¿En qué se parecen los cristianos a los peregrinos?

10. ¿De dónde viene, para dónde va, y con quien viaja en su peregrinaje de fe?

    ¿Qué herramientas le ha dado Dios para ayudarle en el trayecto hacia el cielo?

Enfoque de la Oración

- Dele gracias a Dios por su cuidado soberano sobre los acontecimientos de la historia humana y su vida.

- Alabe a Dios por lo que Él comenzó a revelar a los israelitas, y más tarde por completo en la persona de Jesucristo.

- Pídale a Dios sabiduría y discernimiento del Espíritu Santo para ir a donde Él quiere llevarlo, pero gozoso y confiando en quien lo ha llamado.

Actividades opcionales

1. Lea *El Progreso del Peregrino*, de John Bunyan, un libro cristiano clásico que compara la vida cristiana con un viaje de fe.
2. Memorice Hebreos 4:13-16.

Tarea

1. Lea Hebreos 10:1-18, detectando la razón por la cual Jesucristo es el perfecto sacrificio para el pecado. Escriba sus ideas en su cuaderno.
2. Lea el capítulo 6 de *Acercándose cada vez más a Dios*.

Huyendo del asedio

Tema de la Sesión

A veces Dios nos lleva a situaciones difíciles con el fin de probarnos.

Integración (escoja un tema).

1. ¿En qué actividad se esfuerza por ser el mejor?

   ¿Qué obstáculos encuentra?

   ¿Cómo reacciona ante ellos?

2. ¿Cree que por un lado admiramos a quienes se esfuerzan por alcanzar sus metas y tener éxito, y por el otro, anhelamos ganarnos la lotería?

Preguntas de exploración en grupo

1. Vuelva a leer Éxodo 14. Describa la escena antes de que Dios dividiera el Mar Rojo.

   Entendiendo lo que le sucedió a los israelitas y a los egipcios, ¿qué se imagina que pensaban los dos lados en ese momento?

2. Sabiendo que eran perseguidos por el ejército egipcio, ¿qué pudieron haber pensado los israelitas

cuando Moisés les prometió: *Jehová peleará por vosotros...?* (Ex. 14:14)

¿Por qué podía Moisés hacer tal afirmación?

3. ¿Cómo explicaría la reacción de los israelitas, según Éxodo 14:10-12?

¿Cómo hubiera reaccionado usted ante la misma situación?

4. ¿Ha enfrentado una situación difícil como resultado de haber seguido a Dios?

¿Cómo interpretó las circunstancias en ese entonces?

¿Cómo ha cambiado su perspectiva con el transcurrir del tiempo?

5. Moisés no fue el único personaje bíblico que sufrió por ser obediente a Dios. Mencione otros.

6. Mencione cuatro o cinco razones por las cuales experimentamos sufrimiento. ¿Qué razones da el apóstol en 1 de Pedro 1:3-7?

¿Cómo arroja luz este pasaje sobre la situación de los israelitas?

7. ¿Cuáles son algunas de sus respuestas ante Dios, cuando Él pone a prueba su fe?

¿Cuáles son algunas formas útiles que podemos poner en práctica para animar a quienes sufren por hacer el bien?

8. Lutzer dice: "Las situaciones que están fuera de nuestro control son firmemente controladas por Dios". Mencione algunos acontecimientos en nuestro mundo que parecen estar fuera de control.

¿Por qué parece que fueran controlados por sí mismos?

9. ¿Cómo cambia el panorama recordar que incluso aquellos acontecimientos que parecen estar fuera de control, en realidad no pueden existir separados de la voluntad de Dios?

10. ¿Qué faceta de su vida parece estar fuera de control?

¿De qué maneras prácticas puede estar consciente de que Dios es soberano aun en esa situación difícil?

Enfoque de la oración

- Alabe a Dios porque le guía y obra a través de las experiencias de la vida, las buenas y las malas, siendo el máximo ejemplo la muerte de Cristo y su resurrección.

- Reconozca que hay muchas cosas en esta vida que no entiende, y que por consiguiente necesita de la gracia de Dios para confiar en Él. Pídale su sabiduría para poder enfrentar esas situaciones confusas.

- Ore para que el pueblo de Dios lo glorifique a Él con la forma como maneja el sufrimiento.

- Recuerde en oración a una persona, o un grupo que esté sufriendo en estos momentos. Pídale que manifieste su compasión y misericordia.

Actividades opcionales

1. ¿Conoce a alguien que está sufriendo por obedecer a Dios? Debe estar dispuesto a escucharle, ayudarle a llevar su carga, o a compartir con él lo que piensa de este libro.

2. Lea la carta de Pablo a los filipenses. Observe la frecuencia con que exhorta a los lectores creyentes a que se regocijen, no a fingir poniendo una cara feliz, sino *en el Señor*. Pablo nos recuerda que así como Dios resucitó a Jesús de la muerte, nosotros resucitaremos a vida eterna. Por esto debemos alegrarnos.

Tarea

1. Medite en Hebreos 12:1-11, lo cual tiene que ver con las pruebas que Cristo experimentó. ¡Tenemos un Dios que ha vivido nuestro sufrimiento y nuestras tentaciones! Esta profunda verdad puede cambiar la forma como vemos nuestras circunstancias.

2. Lea el capítulo 7 de *acercándose cada vez más a Dios*.

Cuando nuestras aguas amargas se vuelven dulces

Tema de la Sesión

Hay un punto en el cual nos desilusionamos.

Integración (escoja un tema).

1. Recuerde alguna oportunidad cuando estuvo realmente desilusionado. ¿Qué le hubiera animado en ese momento? ¿Por qué le hubiera ayudado esa circunstancia?

2. ¿Qué opina de la afirmación: "Toda prueba en la vida nos enseña algo?"

   ¿Qué ejemplos de las Escrituras apoyan su opinión?

Preguntas de exploración en grupo

1. Lea Éxodo 15:22-27. ¿Qué preguntas tiene en cuanto a este pasaje? Anótelas en su cuaderno.

2. Una vez más encontramos a los israelitas ante una situación en la cual su fe es puesta a prueba. ¿Por qué piensa que Dios los puso a prueba tantas veces y luego hizo diversos milagros para ellos?

¿Qué nos dice esto en cuanto a la naturaleza divina y humana?

3. Es fácil olvidar cuán fiel es Dios a sus promesas; la duda es una forma de hacer que la situación actual parezca que eso es todo lo que hay. ¿Qué ha aprendido de sí mismo por medio de las desilusiones? (Lutzer dice que las decepciones revelan nuestro carácter).

4. ¿Cómo respondió Dios a la oración de Moisés por el pueblo?

¿Por qué cree que él optó por responder de esa forma?

5. ¿Ha visto a Dios tomar algo, o a alguien "común", y transformarlo para lograr sus propósitos?

6. Lutzer observa que el pueblo, al dudar de Dios y de Moisés, llegó a la conclusión de que los había abandonado. Esa no era la primera vez que el pueblo de Dios dudaba de que Él supiera lo que era mejor para ellos. ¿Quiénes fueron los primeros en dudar de Dios?

¿Qué prefirieron creer de ellos mismos?

7. Poner nuestras esperanzas en algo o alguien aparte de Dios, siempre nos lleva a la desilusión. ¿Cómo podemos convertir esas desilusiones en experiencias positivas?

8. ¿Qué aspecto del carácter de Dios ha comprendido como resultado de la desilusión?

9. Algunos creen que la forma de protegerse contra la desilusión es no tener ninguna esperanza. ¿Qué opina al respecto?

10. Sólo en el cielo serán realmente satisfechos nuestros anhelos. ¿Por qué nuestro futuro en el cielo es una ficha clave de nuestro rompecabezas terrenal?

¿Cómo puede la realidad del cielo transformar su desilusión actual?

Enfoque de la Oración

- Dígale al Señor que sus experiencias de confusión y desilusión nos recuerdan que no somos Dios. Sólo Dios es perfectamente santo, amante y sabio.

- Dele gracias a Dios por el hecho de que puede confiar en que Él obrará para bien incluso en los momentos más dolorosos.

- Ore para que como familia de Dios pensemos más en los valores del reino de los cielos, de tal forma que podamos ser de *mayor* bendición sobre la tierra.

Actividades opcionales

1. Escríbale una carta a Dios sobre sus esperanzas y temores para el futuro. Fírmela, póngale fecha, y colóquela en un lugar visible para que se acuerde de orar por esas perspectivas. Permita que Él se encargue del resultado, ¡En el futuro Él puede hacerla realidad!

2. Piense en alguien conocido que sufre bajo el peso de la desilusión personal. Pídale a Dios que esa persona esté dispuesta a confiar en Él para sus circunstancias, y que le permita al Espíritu Santo transformar su perspectiva.

Tarea

1. Memorice el Salmo 62:1-2.

2. Lea el capítulo siete de *Acercándose cada vez más a Dios*.

Viviendo con una actitud de gratitud

Tema de la Sesión

Dios nos enseña a confiar en Él, como hijos que somos, por medio de las necesidades.

Integración (escoja un tema).

1. ¿Cuáles son algunas formas como la relación entre una madre y su bebé ilustra nuestra relación con Dios?

   ¿Cómo difieren las dos relaciones?

2. ¿Alguna vez se sorprendió por la forma como Dios proveyó para sus necesidades?

Preguntas de exploración en grupo

1. Según Éxodo 16, de qué tenían miedo los israelitas, y cuál fue la respuesta de Dios? ¿Qué le estaba enseñando Dios a su pueblo cuando le permitió recoger sólo la comida para cada día?

2. Moisés le recordó al pueblo que cuando se quejaba contra él, en realidad lo hacían contra Dios. ¿Por

qué fue Dios justificado cuando se enojó con ellos? ¿Por qué sí, y por qué no?

3. ¿De qué se ha estado quejando últimamente? ¿Qué indican sus quejas acerca de la relación con Dios?

4. ¿Por qué nos será tan difícil aceptar que en realidad a veces Dios *nos lleva* a terrenos áridos?

5. Existen muchas formas por medio de las cuales Dios provee, pero normalmente las damos por sentadas. Mencione algunos acontecimientos, sobre los cuales no tuvo control, que han tenido mucha influencia en su vida (Por ejemplo, unos padres afectuosos, o el talento musical que lo hizo optar por una carrera).

6. A veces creemos que controlamos nuestro destino porque tenemos que tomar ciertas decisiones relacionadas con nuestra educación, nuestro trabajo, o nuestro matrimonio). ¿Qué significa ser "guiado por Dios" cuando tenemos que tomar decisiones?

7. ¿En qué tuvo dificultad para confiar en Dios?

¿Por qué es tan difícil confiar en Él en esa área de su vida?

8. ¿Qué sucedió con el maná y las codornices que algunos trataron de guardar hasta el día siguiente?

¿Por qué sucedió esto? ¿Cómo reaccionó Dios ante la gente que recogió demasiado?

9. ¿Cómo podría "acumular maná" para asegurar que tiene lo suficiente para mañana? ¿Cómo lo hace? (Recuerde, no hablamos de trabajar duro para pagar las cuentas, sino de áreas en las cuales su confianza no está puesta en Dios).

10. Jesús le advirtió al pueblo que buscara primero a Dios y no permitiera que el afán por suplir sus necesidades fuera la motivación (Mt. 6). ¿Cómo podría Dios estar usando sus necesidades con el fin de prepararlo para el cielo? ¿Anhela oír a Dios

diciéndole: *Bien, buen siervo y fiel?* Explique su respuesta.

Enfoque de la oración

Ore el Padrenuestro, concentrándose en pedirle a Dios que supla su alimento diario:

> *Padre nuestro que estás en los cielos,*
> *santificado sea tu nombre.*
> *Venga tu reino.*
> *Hágase tu voluntad,*
> *como en el cielo,*
> *así también en la tierra.*
> *El pan nuestro de cada día,*
> *dánoslo hoy.*
> *Y perdónanos nuestras deudas,*
> *como también nosotros perdonamos*
> *a nuestros deudores.*
> *Y no nos metas en tentación,*
> *más líbranos del mal;*
> *porque tuyo es el reino,*
> *y el poder, y la gloria,*
> *por todos los siglos.*
> *Amén.*

Actividades opcionales

1. Esta semana haga una lista de las formas como Dios le está sustentando con el *pan nuestro de cada día*. Use esta lista para reflexionar sobre la fidelidad de Dios para con usted como su hijo.

2. Piense en 10 ó 15 ejemplos que ilustren cómo la naturaleza depende de Dios para su existencia y sustento. Deje que estos ejemplos le den vida a sus oraciones, como lo hicieron los salmistas con sus alabanzas y peticiones a Dios.

Tarea

1. Medite en Juan 6:32-35. Mencione cinco formas prácticas como puede *alimentarse* de Cristo. Escoja una de las formas para incorporarla en su rutina diaria.

2. Lea el capítulo 9 de *Acercándose cada vez más a Dios*.

9

Usando nuestras
armas para ganar

Tema de la Sesión

Dios nos equipa para las batallas que quiere que libremos.

Integración (escoja un tema).

1. Quizá haya escuchado la advertencia: Ore como si todo dependiera de Dios, y actúe como si todo dependiera de usted.

   Para usted, ¿qué significado tiene esta frase?

   ¿Le es útil? Explique su respuesta'.

2. ¿Por qué ora *usted*?

Preguntas de exploración en grupo

1. ¿En Éxodo 17:8-16 cuáles fueron las dos armas que usó el pueblo de Dios para luchar contra los amalecitas? ¿Por qué ambas eran importantes?

2. Lutzer señala que es importante que el pueblo de Dios conozca a su enemigo. ¿Por qué era importante

que los israelitas pensaran en esta información permanentemente?

3. ¿Si estamos experimentando bendiciones continuas podría ser esta una señal de que estamos comprometiendo nuestra fe?

4. Recuerde una de sus batallas (persecución en el trabajo, una enfermedad grave, etc.). ¿Qué armas poseía su enemigo? ¿Con qué recursos luchaba?

5. Lea Efesios 6:10-18. Anote todas las órdenes que Pablo le da a los creyentes. ¿Cómo las resumiría?

6. ¿Qué armas usa para ganar sus batallas?

¿Cómo reta la enseñanza de Pablo su estrategia?

7. La última enseñanza que Lutzer extracta de Éxodo 17 tiene que ver con la importancia de seguir a Cristo como nuestro líder. Señale cinco o seis características de Aquel que nos dirige en la batalla contra Satanás. ¿Por qué es tan importante recordar las credenciales de nuestro Líder?

8. ¿Los israelitas siguieron a Moisés en la batalla. ¿A quién siguen los cristianos hoy? ¿Por qué siguen a estas personas?

9. ¿Qué busca en un líder cristiano? Explique su respuesta.

10. ¿Quiénes son algunos de los que sigue? ¿A quién está ayudando a equipar con la armadura de Dios?

Enfoque de la oración

- Dele gracias a Dios por habernos dado todo el equipo necesario para librar nuestras batallas; ¡incluida la victoria! Mencione algunas formas con las cuales Dios lo ha capacitado.

- Pídale a Dios sabiduría sobre cómo librar las batallas que está enfrentando.

- Ore para que el pueblo de Dios no luche el uno contra el otro, sino que unido lo haga contra el enemigo.

Actividades opcionales

1. Estudie Efesios 6:10-18, visualizando la obra de su iglesia local. ¿Ve alguna forma con la cual podría equipar mejor a los miembros para luchar contra los ataques de Satanás?

2. Vuelva a estudiar Efesios 6:10-18. ¿Qué partes de su armadura son fuertes y efectivas, y cuáles inefectivas o que necesitan reparación? ¿Cómo puede fortalecer su defensa contra Satanás?

Tarea

1. Memorice Efesios 6:11-12.
2. Lea el capítulo 10 de *Acercándose cada vez más a Dios*.

10

Cuando Dios se acerca

Tema de la Sesión

Dios está por encima de todo lo que podemos imaginar. Por esa razón se reveló a sí mismo para que lo conociéramos; ¡y lo hizo en Cristo!

Integración (escoja un tema).

1. ¿Qué entiende más fácil: La cercanía de Dios, su inmanencia, o su trascendencia? Explique su respuesta.

2. ¿Hay gente en nuestra sociedad que obedece los 10 mandamientos? ¿Pueden estas leyes aislarse de la persona que las dio? Explique su respuesta.

Preguntas de exploración en grupo

1. Mencione algunas formas de cómo hoy las personas entienden a Dios.

2. ¿Qué revelan sobre nuestra cultura estas concepciones modernas de Dios?

3. ¿De dónde tomó sus ideas, correctas o incorrectas en cuanto a Dios?

¿Cuáles son en la actualidad sus fuentes de información en cuanto a Dios?

4. Lutzer observa que Dios difiere de su creación (trascendencia), pero que también está íntimamente involucrado con ella (inmanencia). ¿Cuáles son algunas formas por medio de las cuales Dios demostró su trascendencia en Éxodo 19 y 20? ¿Cómo demostró su inmanencia?

5. En Cristo hay una tensión dinámica entre la inmanencia y la transcendencia de Dios: Las otras religiones enfatizan lo uno o lo otro. ¿Por qué son necesarios los dos aspectos?

6. ¿Cuándo ha sido impactado por la naturaleza trascendente de Dios? ¿Cuándo ha experimentado su presencia inmanente?

7. La naturaleza de Dios se refleja en los 10 mandamientos. Nombre los 10 mandamientos que Dios le dio a su pueblo (si le es posible hágalo de memoria). ¿Qué indica cada mandamiento, acerca de Dios?

8. Muchos creen que los 10 mandamientos conforman una lista de actos que se deben, y no se deben hacer, o que representan unas normas morales. ¿Por qué nos dejó Dios esos mandamientos? ¿Qué explicación da Pablo en cuanto al propósito de la ley en Gálatas 3:21-26?

9. Cuando el pueblo vio los relámpagos y el humo, y escuchó el trueno que venía del Monte Sinaí temió a Dios (Éxodo 20:19). ¿Cómo nos ayuda Hebreos 12:18-24 a entender su temor?

¿Por qué pueden, quienes están en Cristo, acercarse a Dios sin temor?

10. Lutzer cuenta la historia de un hombre de negocios que tuvo una conciencia profunda de su pecado ante Dios. ¿Qué tan consciente está de su necesidad de la misericordia de Dios?

¿De qué manera Dios le ha manifestado su misericordia últimamente?

Enfoque de la oración

- Lea en voz alta Hebreos 10:19-22. Exprese su gratitud a Dios por el sacrificio que hizo en Cristo por usted.

- Ore por el pueblo de Dios, para que la humildad hacia otros sea evidente, como resultado de su experiencia personal con la misericordia de Dios y su confianza en la obra que Cristo hizo en la cruz.

- Cada uno ore por otro miembro del grupo.

Actividades opcionales

1. Piense en tres o cuatro formas como podemos obedecer los 10 mandamientos en nuestra cultura. Mantenga sus ideas en un terreno práctico preguntándose: "¿Yo lo haría?"

2. Reflexione en la enseñanza de Cristo sobre la ley en Mateo 5:17-48. ¿Cuál es la esencia de su mensaje? ¿Por qué cree que los judíos no recibieron su mensaje con facilidad? ¿Es más fácil que lo escuchemos hoy?

Tarea

1. ¿Cuáles de los 10 mandamientos lo desafían de una manera particular ahora? Piense en la forma como puede seguir fielmente las normas de Dios, y comience a practicarla.

2. Lea el capítulo 11 de *Acercándose cada vez más a Dios*.

11

El alto costo de la idolatría

Tema de la Sesión

La idolatría nos llega de una forma natural.

Integración (escoja un tema).

1. ¿Cuáles son los 10 ídolos principales que tiene nuestra cultura?
2. ¿Qué imágenes le vienen a la mente cuando escucha la palabra *ídolo*?

Preguntas de exploración en grupo

1. Describa la situación de Éxodo 32, desde el punto de vista del pueblo.

   Desde el punto de vista de Moisés

   Desde el punto de vista de Dios.

2. ¿Qué preguntas y observaciones iniciales tiene en cuanto a este capítulo?

3. Piense en una experiencia durante la cual perdió la paciencia esperando en Dios.

   ¿Qué "dios" tangible inventó para reemplazarlo a Él?

   ¿Cuál fue el resultado?

4. Lutzer dice que la idolatría se da en cinco etapas.
   ¿Cuáles son?

   ¿Qué es la idolatría en sí?

5. ¿Qué quiere decir Lutzer cuando afirma: "Incluso una redefinición de Dios, basada en nuestra propia comprensión es idolatría?"

   ¿Cuál es nuestra fuente personal para encontrar una definición confiable de Dios?

   Explique su respuesta.

6. ¿En qué piensa más durante su tiempo libre?

   ¿A quién procura complacer?

7. ¿Cómo están formados sus ídolos por una sociedad de conveniencia orientada hacia el consumismo?

8. Las Escrituras afirman repetidas veces que Dios juzgará con toda seguridad el pecado, pero a veces ese juicio no viene inmediatamente, o incluso no llega en esta vida. ¿Qué juicio inmediato recibieron los israelitas por su falta de fe?

   ¿Qué juicio vino más tarde?

9. ¿Cuáles son algunos pecados que Dios no está juzgando en nuestros días, pero que ciertamente juzgará después de la muerte?

10. Mencione algunas formas como los cristianos pueden ayudarse el uno al otro para arrancar continuamente la mala hierba de la idolatría de sus vidas?

    De las formas mencionadas, ¿cuáles puede incorporar en sus relaciones con otros cristianos para ayudarles a seguir a Dios con mayor fidelidad?

Enfoque de la oración

- Lea en voz alta Éxodo 20:1-6.

- Dele gracias a Dios debido a que siente celos por nuestra devoción, pues sólo El puede satisfacer nuestros corazones.

• Ore para que el pueblo de Dios sea conocido por su devoción sincera hacia Él.

Actividades Opcionales

1. Reflexione esta semana en sus relaciones: ¿Con quién pasa el tiempo? ¿Cómo lo están influenciando esas personas, y cómo las influencia usted? ¿Fomenta los valores piadosos entre sus amigos?

   ¿Cuál área de su vida necesita cambio?

2. Con base en sus respuestas a la pregunta seis, ¿cómo comenzará a dejar los ídolos y a acercarse más a Dios?

Tarea

1. Esta semana cuando mire televisión lea una revista, o escuche la radio, busque las promesas falsas que da el presentador. ¿Puede captar la mentira usada para que se atreva a ensayar el producto? Haga este ejercicio con un amigo y analice algunas de sus ideas en cuanto a los ídolos de nuestra cultura.

2. Lea el capítulo 12 de *Acercándose cada vez más a Dios*.

12

Vislumbrando la gloria de Dios

Tema de la Sesión

La gloria temporal que vino a través de Moisés y la ley, se ha vuelto permanente por medio de Cristo y el Espíritu Santo.

Integración (escoja un tema).

1. ¿Ha experimentado la gloria de Dios de tal forma que el cambio es evidente en su vida?

2. ¿Relaciona algunos ejemplos de la gloria que ofrece el mundo?

    ¿Cómo se desvanece esa gloria?

Preguntas de exploración en grupo

1. ¿Cómo se comunicó Dios con Moisés en Exodo 33? Describa la conversación en sus propias palabras.

2. ¿Cambió Moisés su opinión acerca de Dios? Si lo hizo, ¿qué nos indica del Creador? Si no lo hizo, ¿por qué Moisés le dijo a Dios lo que le dijo?

3. ¿Con el paso del tiempo qué tanto ha aumentado su comprensión sobre la importancia de la oración?

4. Lutzer divide la oración en tres niveles de intimidad. ¿Cuáles son?

   ¿Qué opina de estas diferencias? Explique su respuesta.

5. En el "primer nivel" Moisés ora para que Dios perdone a su pueblo apelando a las promesas que Él les había hecho en cuanto a ser siempre su Dios. ¿Qué promesas le ha hecho Cristo a su Iglesia?

6. Moisés estaba profundamente interesado por la forma como las naciones vecinas percibirían a Dios si Él se apartaba de ellos. ¿Es usted consciente de que, como representante de Cristo, refleja la presencia de Dios ante los demás?

   ¿Qué cree piensa la gente de Dios cuando usted es observado?

7. ¿Conoce a alguien que brilla con la gloria de Dios?

   ¿Por qué esa persona es como la luz de Dios?

8. Pablo habla de la gloria de Dios en 2 Corintios 3:7-18. ¿Qué dice él en cuanto a la gloria que produce la ley y la que produce el Espíritu? Haga dos listas y compárelas.

9. ¿Qué quiere decir Pablo cuando describe a los creyentes como los que ven la gloria del Señor *a cara descubierta*? (1 Co. 3:18).

10. ¿Cómo lo ha estado transformando Dios a su semejanza, *de gloria en gloria*?

Enfoque de la Oración

- Dele gracias a Dios por estar cumpliendo su promesa de hacer que nos parezcamos más a Cristo por medio de la obra del Espíritu Santo.

- Pídale a Dios que saque a la luz cualquier área de su vida que oculta la gloria resplandeciente en este mundo oscuro.

- Oren los unos por los otros para que reflejen la gloria de Dios con mayor nitidez en los sitios donde los ha puesto.

Actividades opcionales

1. ¿Conoce a alguien que tiene la necesidad de que se le quite el "velo" de sus ojos para que vea la gloria de Dios? Ore por esa persona para que Dios se lo quite.

2. Lea Juan 1:14-18. Reflexione en cómo Dios, de una forma maravillosa y misteriosa, obró paulatinamente en la historia humana hasta revelarse plenamente en Cristo. ¿Por qué escogió revelarse paso a paso y no de una vez?

Tarea

1. Mantenga un registro de las oportunidades que ha tenido esta semana para reflejar la gloria de Dios, y observe de manera especial su reacción ante esas oportunidades. ¿Qué aprende en cuanto a sí mismo con base en sus respuestas? ¿Y qué aprende en cuanto a Dios?

2. Memorice Hebreos 10:19-23.

3. Lea el capítulo 13 de *Acercándose cada vez más a Dios*.

Fracaso y esperanza
en la línea final

Tema de la Sesión

Para Dios, los medios son tan importantes como el fin.

Integración (escoja un tema).

1. Mencione algunos ejemplos de la forma como nuestras acciones tienen consecuencias en esta vida.

2. ¿Qué ha aprendido o llegado a entender mejor como resultado de estudiar Éxodo?

Preguntas de exploración en grupo

1. Dios hizo salir agua dos veces de una roca para saciar la sed de su pueblo. Vuelva a leer Éxodo 17:1-7, y Números 20:1-11. Aunque 40 años separan esos dos eventos, ¿qué semejanzas encuentra entre ellos?

   ¿Cuáles son las diferencias?

2. ¿Si usted hubiera sido Moisés y hubiera estado liderando aquel pueblo durante los últimos 40 años, cómo respondería ante sus acusaciones y quejas?

3. A veces es más fácil comprender a Moisés que al pueblo porque no nos gusta admitir la falta de fe. ¿Cuándo ha actuado como los israelitas, quejándose contra Dios o culpando a uno de sus siervos por todo lo que sufre?

4. ¿Qué castigo recibió Moisés por desobedecer a Dios? ¿Por qué su juicio fue tan severo? (Repase el punto "Perspectiva de Dios").

5. Santiago tuvo un mensaje similar cuando le advirtió a quienes deseaban enseñar a otros que serían juzgados más estrictamente, porque su enseñanza podía alejar al pueblo, si no tenían cuidado (Stg. 3:1-2). ¿Cuál es la persona que Dios le ha confiado para guiar en la fe?

¿Con qué grado de seriedad ha asumido esta responsabilidad?

6. ¿Cómo lo desafían la advertencia de Santiago y el castigo que sufrió Moisés a definir a Dios con mayor precisión?

7. ¿Qué observó en cuanto a la naturaleza de los seres humanos durante su estudio del libro de Éxodo?

8. Aunque Moisés desobedeció a Dios, Él proveyó agua para calmar la sed del pueblo. Dado este hecho, y la tendencia de la naturaleza humana, ¿qué conclusiones podemos sacar acerca de la naturaleza de Dios?

¿En qué otro lugar de las Escrituras se manifiesta este aspecto del carácter de Dios?

9. ¿Cuándo ha sido evidente la misericordia de Dios en su vida?

¿Cuál fue su reacción?

10. ¿Conoce a alguien que necesite la clase de misericordia que usted ha recibido de Dios?

Enfoque de la Oración

- Dele gracias a Dios por haber dirigido personas como Noé, Moisés y David, y ahora a nosotros. Hacemos parte de un gran número de creyentes que ha conocido la misericordia y la fidelidad de Dios. Él siempre ha sostenido a su pueblo y lo sostendrá hasta el fin.

- Ore para que el pueblo de Dios tenga el valor de representarlo fielmente ante el mundo, estando en el mundo, pero no conformándose a la forma del mundo.

- Concéntrase en una ciudad o en un país con problemas. Pídale a Dios que manifieste su misericordia.

Actividades opcionales

1. ¿Conoce a alguien que necesite escuchar la historia sobre cómo Dios creó a un pueblo para sí, y lo sacó de la esclavitud a la tierra prometida? Comparta la historia con esa persona y anímela a que la lea.

2. ¿Qué anhela aprender como resultado de haber estudiado el libro de Éxodo? Decida qué estudiará próximamente.

Tarea

1. Escriba una oración para Dios en cuanto a lo que Él le ha enseñado por medio de este estudio. Coméntele las situaciones en las que siente dudas o le cuesta obedecer sus mandamientos. Pídale su gracia para que lo sostenga a usted, y a otros creyentes conocidos, y que unidos puedan darle gloria a su nombre.

2. Memorice Lamentaciones 3:22-23.